慶元縣志輯

第二冊

【康熙】慶元縣志

《慶元縣志輯》編委會　編纂

浙江工商大學出版社
ZHEJIANG GONGSHANG UNIVERSITY PRESS
·杭州·

第二册　分目録

【康熙】慶元縣志

【康熙】慶元縣志　十卷

［清］程維伊　修　［清］吴運光　纂　清刻本

程維伊，字懷人，湖北楚黄蘄水人。具體生卒年不詳。清順治三年（一六四六）舉人，至誠愷悌。康熙三年（一六六四）至康熙十二年兩任慶元知縣，莅任九載，建官署，葺學宫，竪城樓，清地畝，民鮮春糧，授種導植，食鹽聽民自買，禁奸商運賣之弊。修邑乘，建橋樑，百廢俱興。尤加意人才，置育英、儲英二莊，召生徒課藝其中，并買租田，作鄉、會兩試之費。次年，延居絳帳，風爲丕變。辛亥歲饑，單騎詣勘，力請題疏蠲免正供一千四百二十兩有奇。後以憂去，士民如失慈母。著有《積雪樓稿》《松源匯編》。

吴運光，字暉吉，慶元大濟人。康熙十一年（一六七二）浙江中式副榜。博學多才，善古風。行文滔滔汩汩，有韓潮蘇海之觀。康熙六年，設帳於日涉書院。當湖（即平湖）陸子清獻客游濟川，叙論相得，遂撤皋比而受學焉。康熙十四年授建陽教諭，轉政和縣丞。具體生卒年與其他事迹待考。

是志叙事上起宋天聖二年（一〇二四），下迄清康熙十一年（一六七二），在萬曆縣志和崇禎縣志基礎上『搜訪筆削，續成全書』。卷首有程維伊、吴運光以及慶元儒學訓導戚光朝所作的《序》，與慶元名士季灯所作的《跋》，兼及輿圖、凡例、目録、修纂職名。正文凡十卷，依次爲輿地、建置、食貨、官師、治行、禋祀、選舉、人物、藝文、雜事。全書共十萬餘字。

是志修於康熙十一年，其時距明崇禎十五年（一六四二）楊芝瑞所修縣志雖剛至三十年，然『其間兵亂相尋，殘編淪亡』，程維伊『遍搜閭閻，疑者缺之，信者傳之，斥陳引新，削繁就簡，匝月告成。計卷有十，山川之形勝，政事之因革，風土之厚薄，興之理學文章忠孝廉節之可傳者，登目瞭然』。

與《【崇禎】慶元縣志》相較，一是内容有增删留餘，舊志禋祀山川社稷聖賢諸祀外，有合神祠改祭法，有捍災禦患之祀，有百辟卿士有益於民之祀，今神祠嚮稱祈禱有應者仍存之，寺觀庵堂附焉，以志其香火之自來爾。《【崇禎】慶元縣志》載列鄉飲耆介姓名繫於科甲，今查府志及各志并無此式，慶雖寡才，不必以此借譬，概删不録。選舉、官師志俱留板，以俟續記，惟記人物志相聯無餘，非敢絶，望將來蓋防俗筆濫登耳。一是分類明晰，舊志人物渾列，今立新傳，各爲分類，故一事一行可傳者，瑕瑜不使相掩，惟現存者不立傳，其勛秩未艾也。志書的編排和門類都比較科學完備，爲以後各志的編纂樹了範例。

爲修此志，程維伊嘔心瀝血，親力親爲，正如其在序中所言：『剪燈吮筆，娓娓忘倦。』吴運光在序中也説：『邑侯程公以三楚名家莅兹土，下車時見舊志殘缺，文獻無徵，遂殷然以搜纂輯。』戚光朝《慶元縣志後序》亦言：『壬子，承部檄徵邑志，程侯富石渠之學，揚如椽之筆，開館編摩，僅遴數人佐之，而全書盡出侯手。』

是志成書於康熙十一年（一六七二），同年刊刻，國家圖書館、臺灣故宫博物院有藏，今據慶元姚德澤先生提供電子版影印出版。半頁十行，行二十字，小字雙行，白口，四周單邊，單黑魚尾版框。版心載書名、卷次和頁碼。卷端題『慶元縣知縣程維伊纂輯』，部分字迹模糊。

（李巖）

慶元縣志叙

粵稽歷世御極典章脩飭一統有志方岳有志列郡有志牙籤汗牛富於二酉復爲縣志何居古侯國皆有掌記之

官今之巖邑非古之小國乎政事之因革人品之盛衰地理之形勝田土之肥瘠物產之厚薄風俗之淳澆與夫民變人謀莫不於志乎察其源

流驗其盈虛俾賢者有所勸戚愚者有所懲戒此古今之權衡也慶元建於宋之寧宗事蹟因循四百一十二載從未有志迄明萬歷四年邑令

沈君始搜家乘訪野老起石草創之尋四十六年邑令涂君復加脩葺崇禎十五年邑令楊君僮補闕略于茲又二十年所矣閩兵亂相尋殘燬

淪亡益歎文獻無徵誰詒厥九載服官之初即訪詢舊志故家耆老僉云丁亥兵燹無籍盡燬即鄉士夫家亦無存收而藏之者故尋之十得一

予忝奉
部檄徵邑志彙上白修
一統大志以謄除方發事世
徧搜閭閻僅得殘志二冊盡
蠹之餘首尾殘缺爲掃雲靄

堂召邑議生雅有文行者與之商確而屬筆焉蓋慶雖邈東之蕞爾財賦雖不居充序然語山川則有可式之勝蹟然挈要焉而傳當亦可與天

台地脈最奇寅中諸人才則有先招討公殿試第一文章發越且如少師吳公歐亮博雅爲中外表望陳天宗伯吳少司讀翰中銓諸公踵蹟

播名喧九垓尤異天王貴方
讀卷而識文信國言語忠肝
以得士賀可謂千春隻眼流
允汙簡若夫實俾弱冠通籍
益緩出宰三勇擇國時發端

縣自許縣丞奉使君命不辟
嚴日務曰當與諸邑君子盍
寺兩亭碑便鈔爲參備將來
缺事人品地理田土物產風
俗何所徵考與諸遺蹟伊

言皆穀然以來輯舊聞爲僉
蒐羅故實而不沿其謬廣摭
輿論而不眩其見各以其事
分類取式腐遷之史而不溺
其言剪燈吮筆娓娓忘倦伊

簿書之餘謬司綜理不閱月而纂輯告竣爰付剞劂爲邑實錄以答

聖朝采風問俗之德意至於追琢章句斷鑒流品將以待後

之僑盼云

旹

大清康熙十一年壬子冬十

一月吉旦慶元縣知縣蒞

古浠程維伊謹識

慶元縣志

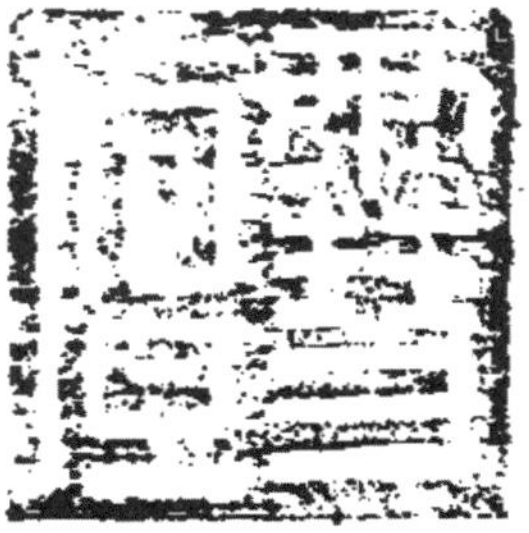

序

昔孟堅志地理後世宗之敍寰宇中郡自為紀邑自為載皆命曰志即稗官小史各以其輶軒所涉耳目所經者筆

尚存足以徵信乎當世邑之
有志識尚矣吾慶邑自趙宋
而來有志自明世沈公劉公之
汪公繼之楊公又繼之雖譜
列敘帙期書無完而失倫詳

詔兩弗寶運為律[illegible]

啓耳

宗運甲辰

邑侯程子以三楚名家極望

華藩主下車時首求舊志幾無

文獻無徵邊陬甌以後漫漫
輯是役矣噫斯時也千家以
冷萬與煙寒鴉而鳴形聲
道左一若赤子待哺千萬苦
庚戴星而入境之門巷閭戚

鮮衣推食之弗遑奚暇吮筆
啜墨以為纂脩計也哉章令
瘡痍悉起不啻活枯骸而重
肉矣篤恩庶九載恩勤百廢
具興黌宮無茂草城堞無復

隍津河離褰裳之憂丁支絕小東之歎且清丈而則壞堂异戶而賦税均蘇鹽困而革耗贈清棘木而勸種植政齊三異尚多渡河之虎心凛四

詒淺鮮暮夜之金其嗥嗟而
辯者皆數百年未習見之弊
其取懷而爭者皆數百年不
世出之恩我慶之沕感于侯
也奚減文桐鄉畏壘之衆哉

民功底定文教覃興適奉
部文徵邑志侯曰此余夙志
也今愜矣于是訪故老搜遺
編疑者闕之信者傳之序陳
而引新削繁而就簡澤鄙陋

而歸大雅匯[illegible]告成計卷有
千山川之形勝政事之因革
風土之厚薄與夫理學文章
忠孝廉節之可傳者登目瞭
然甚至體取義悉屬獨出其

幸蕆竟羅編筆商訂無所贊
其一辭也使吾慶他日紬
先生與夫騷人墨士覽斯志
已瞭備因而思侯之功德則
豈遂剩墨區可當此山一石

遐溯千古迴流風雨揚盛烈端可期于後之君子矣

旹

康熙十一年壬子臈月之吉

邑人吳運光謹序

慶元縣志後序

慶邑建于趙宋，隸栝蒼。末邑僻在萬山，土瘠賦窮，黎珮皆不及上聞，長吏治行無由表見。邑之志，前斯創修，湮沒無存。所謂文獻不足，二代因鑑，雖蔑爾杞宋，孔子猶傷之也。慨自癸未迄今，又爲三指，天道以三十年爲

慶元縣志　後序　一

也其間建置沿革吏治民生芳規懿
行不可無紀
[illegible]上壬子承　鄠檄徵邑志程侯富石
渠之學揭如椽之筆開館編摩謹遴
數人佐之而全書盡出侯手裁列體
取義倣于古史不可增損一字有一
綱目而條然矣侯求覈凡例幾聲憲

粹精銳論理功德侔古士民聲歌甚
載其恩茲舉且以再閱月而規千秋
之業其嘉惠慶邑更遠且久矣走也
才媿典教幸得佩筆續貂聿觀厥成
並宣書
旨
大清康熙壬子孤月穀旦慶元縣儒

學訓導實發戚光朝拜手謹題

跋

壬子夏[illegible]從[illegible]至[illegible]邑

稽邑猥會獻藝於宮與藍餘文

之暇語及風物淳漓以[illegible]今於

得失之由恍然休戚之[illegible]相

[illegible]

是也曰志不曰言而以事繫從
托之空言而不見諸行事則章
法而變亂者已見諸行事不徒
托之空言則察亂而胥志後之
載於斯政通人和百廢具興之
具全志于一小冊筆裁斷羽翼

信史茲荃　郡檄徵邑乘彙上

史館刪定纂輯正其時也乃詣

雲鶴堂召諸生與之商訂考據

分卷類編凡所紀載貫綱領目

節目詳酌始物時並蓑之間出

人拾遺化古今之變參徃而寔

來鑑此而考□曲登□治民事神之理風遊乎寰宇於勝之大書時慶勢乳於尚而層乎發□其所舉而擔之者也故其攷徵也確其序事也明其取舍也嘗可疑則闕可信則書嘗遠而□

言曲而肯大矣使與爲之遷史
姪獲與魏譽討論識撰以問世
皇昔責督稽之遺意斂置由是
而知其所損益焉風俗由是一
知其所醇醨焉教化由是而知
其所疏起焉人才知其存以之

達而之衰賦役無與侍以武守
而或曾遽動之報矣其何旨哉
舉而不覆踐縣也人才所利矣
關歷也與甚府時兼甲兵也者
其府時固於城關而與其所增
見於歌亭而起其所昔慶重者

言而知其所以去刑禁錢所與
其所以濟民至擬時所古知其
修省而深運從此救偏補敝凡
回非難積聚育餘冤也未習耆
之赴生世安之歛善守亦必詔
有鼓舞可以進德一變俗以善

巳

龍則與復都人書之此俱芝
宣也勿靈𠀋書寡終鐘發此司
式昌之賞鼓運客吳乎則要二
道兆啟開文運之一戰其間風
焉雖晉采盛廟禮樂刑政教化
且崇家户盛桀孔衛用必宜勉

其所立言皆其所以立身見諸
行事盡以之著論於金石可以想
見其該博以之學通方以之才周達
以之識洞貫兼信史哉今付剞劂
炬復爲校閱辯訛豕亥而措諸不
足稱以發揚之歟聊以幸歷云

璞之臣佐以追琢啟韋業縣樂

觀厥成敬爰同顏而書于簡末

旹

康熙十一秊涂月邑人李炫撰

慶元縣北方牛宿圖

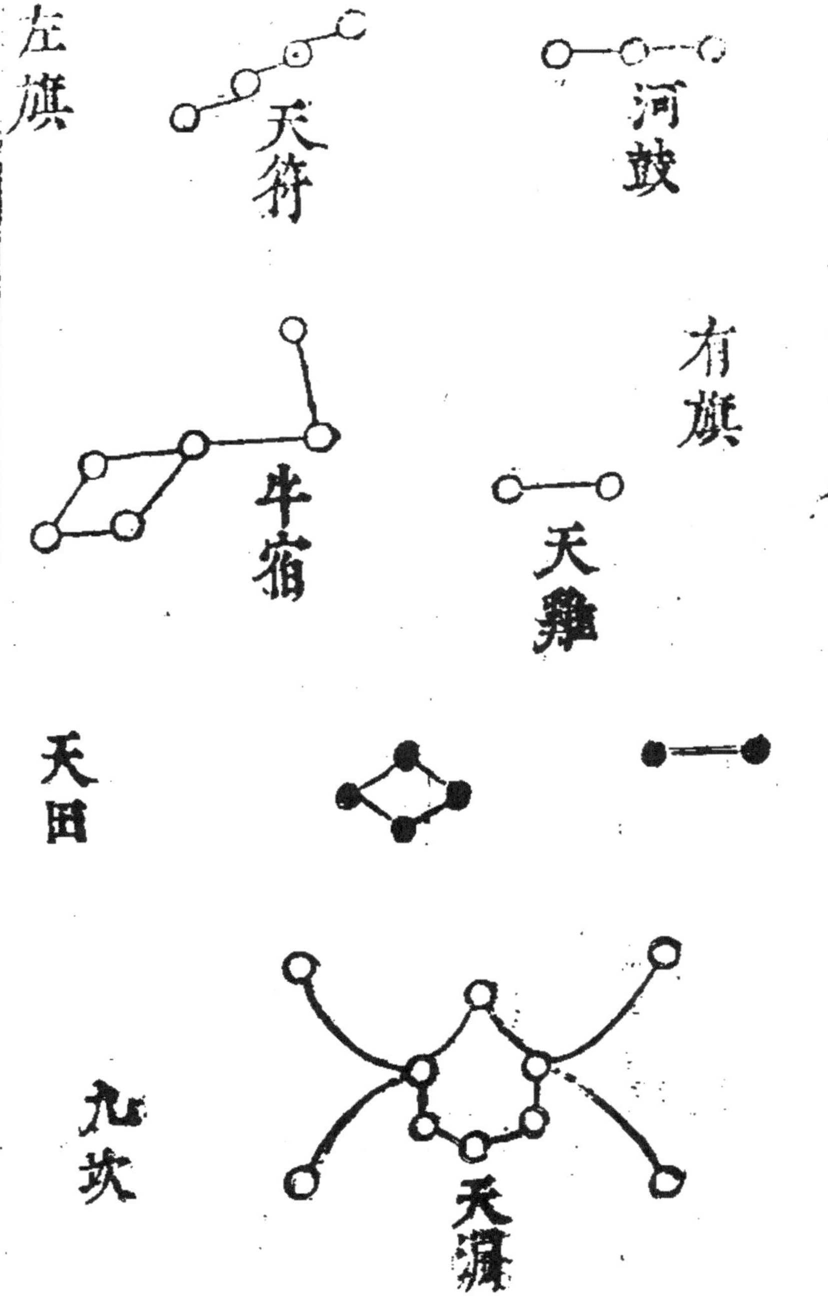

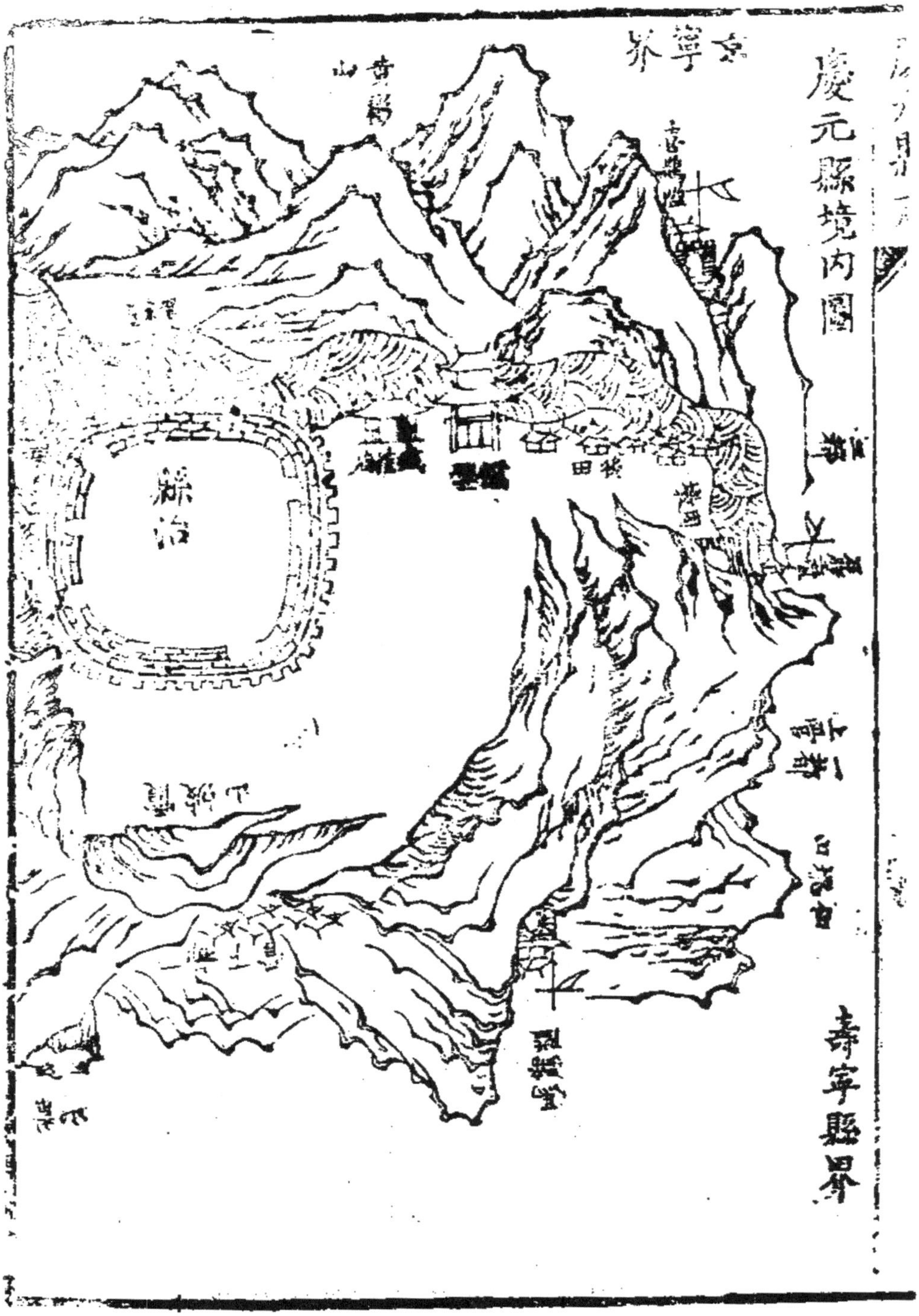
慶元縣境內圖
京寧界
縣治
壽寧縣界

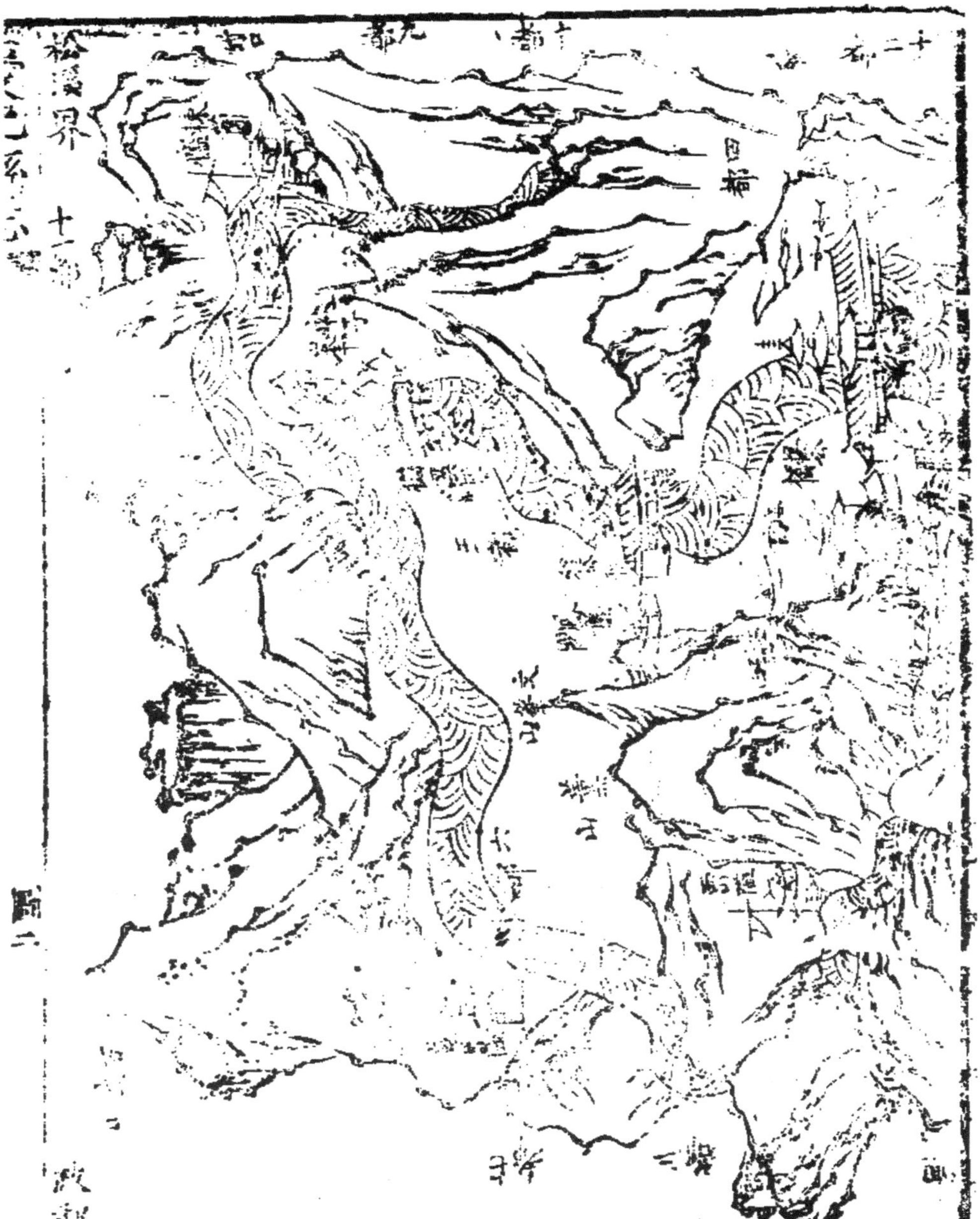

慶元縣

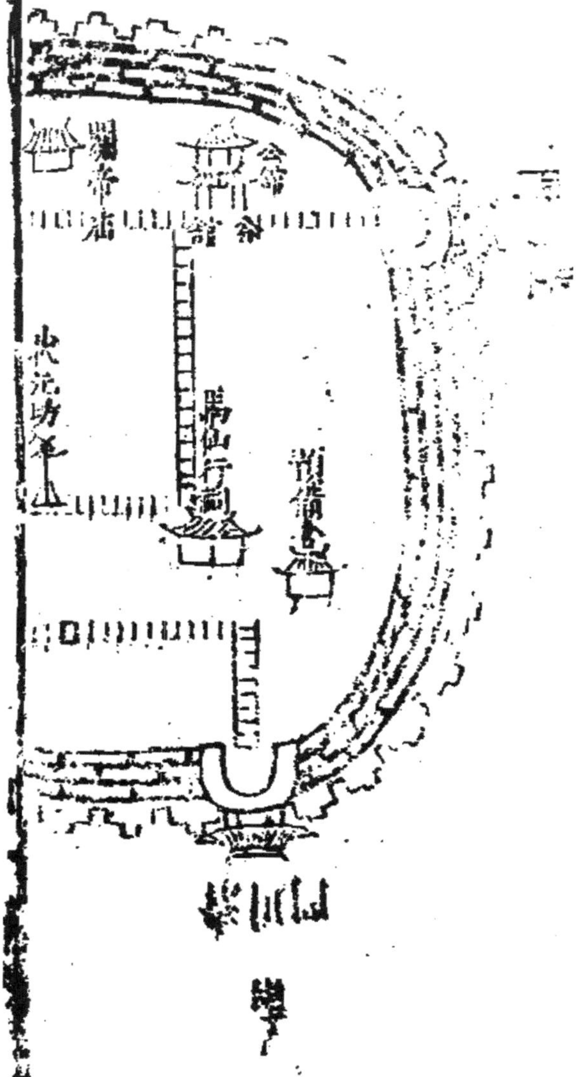

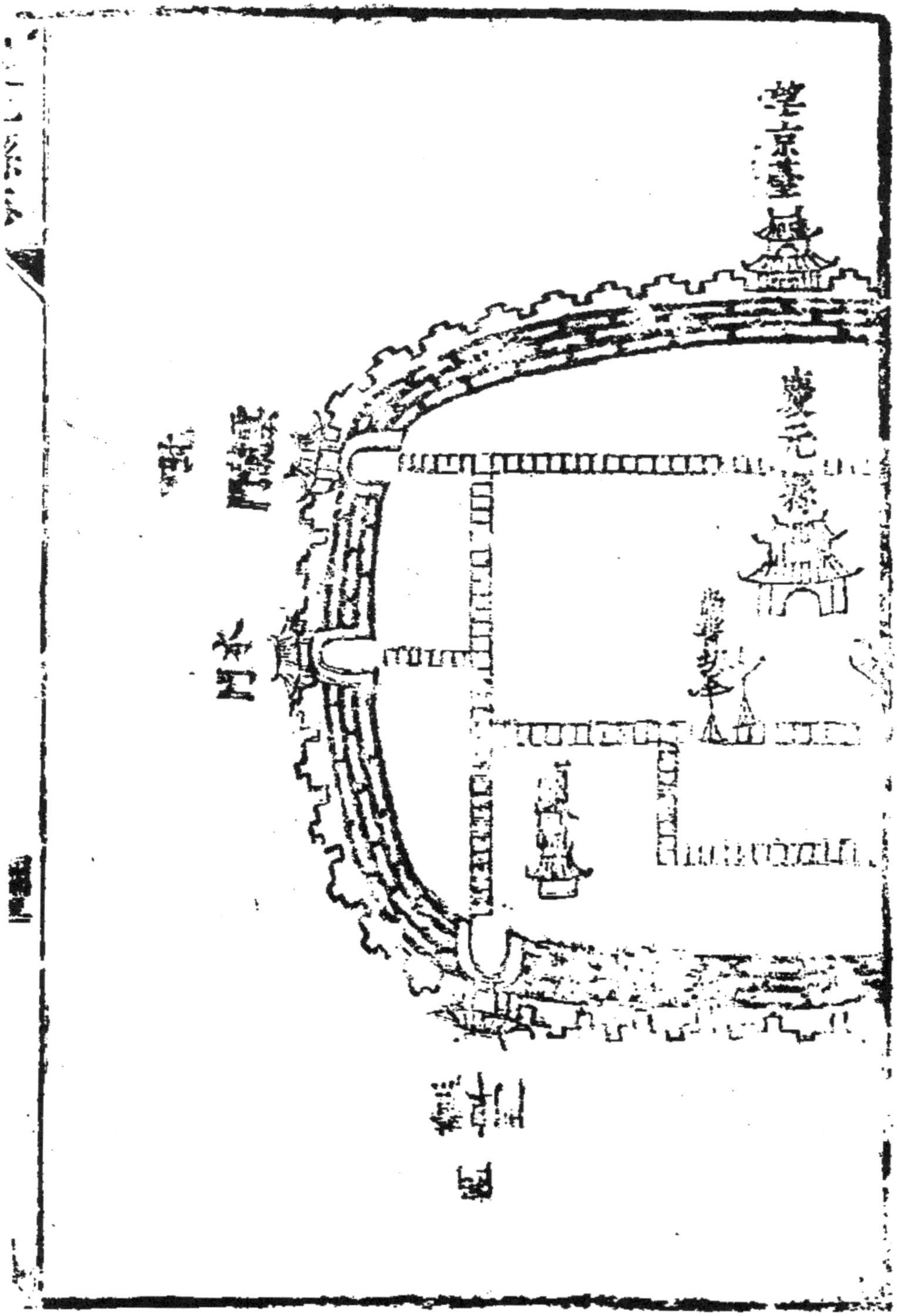
望京臺
慶元縣

凡例

一縣志昉於明萬曆之初闕後守慶者雖遞
輯遞脩至
皇清定鼎其間典章遺蹟闕缺未備今搜訪纂
制續成全書寧嚴毋濫寧真毋贋矢公矢
慎旃〻不敢有負受事

一舊志裡祀山川社稷聖賢皆祀外有合神

祠攷祭法有捍災禦患之祀有官梓鄉士有益於民之祀今神祠鄉禱祈有應者仍存之寺觀庵堂附焉以志其香火之自來爾

一舊志載有邑侯生祠記暨邑中各姓宗祠記功令森嚴不敢盡錄若大弛封誥勅家有職

刻先達奏議名公文集雖膾炙人口亦不
擅入惟詩歌列於山川勝槩之下點綴生
色藝文所録俱係有關治教者
一舊志人物渾列今立新傳各爲分類全標
固多偏才亦備故一事一行可傳者瑕瑜
不使相掩非曰阿狥尠實亦嘉與爲善之
意惟現存者不立傳以其勳秩未艾也

一舊志載列鄉飲耆介姓名繫於□甲令查
府志及各志並無此式慶□□才不忍以
此借譽槩刪不録

一選舉官師志俱留□板以俟續記惟人物
志相聯無餘非敢絕望將來蓋防倖[illegible]數
登耳

一舊志采輯無識如兎園策于宋天岳經定

闕過畢我輩擬厥不辭觀者腹誹哉奚

方識譚

一今訪志勤讎濫觴之際式冕輯請矣但當

芳陽春秋奚照爲類尤有俟於獲之君子

慶元縣志目録

卷三

食貨志

卷四

官師志

恩例 恩蔭 貤封

卷八

人物志

理學 忠節 名彥 清正 文學 仕蹟

孝友 篤行 義俠 耆良 貞節 隱逸

僑寓 仙釋

卷九

藝文志

建慶元縣經始記 [illegible]

葺慶元縣城記 [illegible]

重脩儒學記 鄭師陳
建詠歸橋記
建竹口公館記 吳浚
濟川圖賦 沈繼龍
拱樓記 熊懋官
遷建儒學記 何鏜
提溪橋記 鄭汝璧
張大夫記 蔡文懋
馬遷儒學記 胡若宏
重脩城記 楊芝瑞
六隆記 楊芝瑞
重建棘[illegible]記 王益朋
復建濟川橋序 楊芝瑞
補天門記 呂陽
楊公記 張函輝
楊大夫記 倪元璐
貞[illegible]傳 周茂源
重[illegible]閣記 吳貞[illegible]

[illegible]記 程[illegible]

[illegible]提行渠公館記 鄭[illegible]庵

重修順濟行祠記 李[illegible]

[illegible]橋記 程[illegible]

卷十

[illegible]

[illegible]

慶元縣志姓氏

慶元縣知縣　三楚[illegible]編輯

儒學訓導婺州戚元朝

副榜[illegible]貢[illegible]

儒學[illegible]一貫

[illegible]梅

[illegible]二酉

江南葉

吳鑑臣

季煥

劉作塏

季杠

陳潤德

周允中

吳燮

葉珪

[illegible]高

[illegible]

張袞程
吳康
周肖功
繕寫葉長秀
周奇
劉鵬傑

慶元縣志卷之一

慶元縣知縣程維伊纂輯

輿地志

分野　沿革　疆域　形勝　城池
山川　堰陂　津梁　市鎮　街巷
關隘　營寨　坑冶　坊里　風俗

置邑居民其事獨詳於周禮辨土考俗厥任莫重於職方維天文之應有常而地軸之形亦定志輿地

分野

按禹貢慶元舊屬揚州爲百粵地考天官書牽牛婺女乃揚州分野今之會稽東南皆其所屬隋地理志云

揚州爲淮海地南斗十二度至須女七度爲星紀以諸書所志攷其度次應在斗牛須女間

沿革

慶元本古揚州域周爲七閩地吳越時爲東平鄉歷秦漢暨唐至五代王審知據閩改名松源鎮屬處州龍泉宋寧宗慶元三年吏部侍郎胡紘請於朝以所居松源鄉置縣治因紀年爲名元因之明洪武三年革縣治爲巡檢司仍屬龍泉十四年復置縣隸處州府知縣董大本編戶五十九里至英宗天順二年耗

皆六里止存五十有三統計五百三十户

國朝康熙十年清丈三十九里共計三百七十户

疆域

縣在府城南四百里東距西二百三十里南距北一百二十五里東南距西北二百六十里東北距西南一百五十里東至福建壽寧縣界九十里至其縣一百九十里南至福建政和縣界五十里至其縣一百里西至福建松溪縣界三十里至其縣[illegible]八十里北至龍泉縣界七十里至其縣一百五十里又北至福建

浦城縣界一百一十里至其縣一百七十里東南至政和縣一百五十里東北至景寧縣界一百里至其縣二百里西南至政和縣九十里西北至龍泉縣一百五十里東南廣二百三十里南北袤一百二十里自縣治至本府四百里至本省一千三十里至江南一千八百里至燕京五千四十里

形勝

慶元四塞皆山縣脉發於正南天馬山逶迤曲折從[illegible]府東直抵縣[illegible]南至[illegible]山[illegible]陽[illegible]

石龍蟠其右僊桃列於東南蕙錦峙乎西北石壁焉歸爲門戶棘蘭喜鵲爲襟喉所謂制人而不制於人者大溪自東以北滐迴漩瀾旋繞縣後南有濟川西有竹溪匯入龍潭中浮出石以爲砥柱誰曰有險可恃然萬山環繞土地磽陋既無舟楫轉通商賈至者固人心弭奸宄不能不望於當事者之加意耳

城池

慶元城　明嘉靖二十五年知縣陳澤始築藏和陳桓有記見藝文高十八尺厚十四尺一千五百六十丈環門四東曰

豈山初名壽寧南曰濟川西曰薰阜北曰雲龍東北中建望京臺順治五年燬西北界知縣張應堯從民請增闢小水門名曰太平西南倚山西北臨河東南鑿池廣三丈深一丈東流至北與大濟水合嘉靖四十一年署縣事通判閻紳改築西城於西山之巔計六十餘丈高一丈八尺厚一丈五尺縉雲樊獻科有記見藝文萬曆十六年四月蛟水夜發衝壞北城七十三丈知縣詹秉龍重築崇禎十五年知縣楊芝瑞重修環增磚垛三尺建城樓五順治五年燬其四窩鋪一十二東南敵樓各一時壽

宋由二縣令[illegible]霖寶[illegible]暨[illegible]以特功[illegible]

以壽[illegible]新王者宮建[illegible]七年至正二十一年再建[illegible]

臺

[illegible]西[illegible]

慶元縣西[illegible]西南百[illegible]頭山[illegible]麓樹東南[illegible]

[illegible]湯[illegible]六[illegible]白[illegible]天[illegible]鋤天[illegible]

[illegible]爲[illegible]石[illegible]起爲天馬山是[illegible]治之南近[illegible]尊者

[illegible]吉[illegible]十里[illegible]白岩山[illegible]西去四十里爲[illegible]山

[illegible]漢[illegible]之十里爲[illegible]山[illegible]東[illegible]

嵬十里崗蘇巴嶺山疊嶂是爲邑之左臂其川南出松
源山橫溪湖元處至蓍齋會山溪壩東南自東溪北
流至濛洲與亂竹水合後受交劍水經石壁而西濟
谷古幾潭稱坡下注鏡潭遶山谷會濟川東流過書
後溪繞嶺北復兩合竹溪水夾龜石而下瀉入石龍
逕過桃洲逵魏溪渚爲溪口潯韓注樓溪與芸洲水
合西北安溪水東流過鐵鉢潭經龜田而出芸洲街
秣蘭西繞過新窑北竹口安溪香入於閩劍協溪
二一都水從潭濕出過頭門峽直下查田入龍泉翹君

合流於海

山

蕉山 距城西十里峭削森聳壁立千仞爲邑屏障歲旱禱雨輒應昔傳嘗有仙橋仙車實伏往來於橋間知縣程芳保詩：極目叢峯麗遠迤陂翠織經春溪長髮積雨栖石生痕壁峭捫蘿磴樹深隱竹扉仙橋何處渡冉冉白雲飛

石龍山 距城西北數百武諸峯若龍伏而再起知縣李肇勳記曰環松源皆山也聳秀可觀石龍尤勝丁亥三月朔爲清明先一日邀朋遊林我心鮑瀚鄉羅諸人散步薰阜門數百武仰煙霞滿徑無復囂塵矣僧童以簫管迎我於龍山麓空山遠響竹樹皆錚鏦有聲由是石磴迤邐長松掩日峭壁凌虛仰視峯頭人跡如線二里爲大士閣一徑孤通前俯舟船後倚層巒鳥啼花落鎮日不聞人聲蜀僧靜空六載於此不蹠不扇亦云幽勝矣又里許至問仙亭亭居山之半寬平可容十餘

人舊令樊公嗣建爲憑空遠眺雉堞如畫圖不覺朗吟樓臺萬瓦合車馬九衢通之句亭北有三元墅莊巃峯秀東望清流奔激萬狀惜一逕横列脈界顛圍則經始者之未善也到此足力漸疲遂覓紅霧浮太白露頂狂呼豫譁世外者久之時日已晡復整衣攬藤而上穿草棘眉蘭花燕袖屋數折至樊公祠祠後有伏虎庵讀其碑記石龍書爲虎穴寂滅人難數計樊公建此庵於莧蹤跡邑人感而尸祝之蓋世世之利云祠前巔峽群峯環列參錯奔流可一覽無遺也坐少頃老僧薦新茶謂即此上有崖茶畢左折而下險仄不能步過稍坦即休及岡至仙亭樵境蒼茫不可辨識急與問瀛華秉燭分題限韻賦詩乃甫數語雷電交作松濤雨聲滯出萬山間輟筆研趣還至大士閣梵鼓喧兵且大地晦冥望一燈如孤月閣下有怪石數點環坐急飲但把盞仰視曰天勿妬我雨即如令止至山下有懸崖如屋狀復環坐急飲酒人報龐磬雨乃大作天其有意乎抵署漏已二下兒輩問石龍勝槩不知也問林壑處不知也問今日何

世間何韻皆不知惟是獸魁之能[illegible]
至寶靈悉空眞所謂極樂世界也[illegible]享[illegible]墨
笑坐嶺未并詩如左　問仙亭不須衫履不須巾上
古遺采一嶽人最若簿書[illegible]開邀雲月[illegible]芳叢
春從鶴跡留丹竈斷續龍吟接暮閑進[illegible]
光千岩花都共精神　樊公祠[illegible]
春忽移見舊棠當日口碑誰可[illegible]竿短豆尚還[illegible]
塵依伏虎風生戶門對石龍雲[illegible]圖畫滿前須領
暮春茶叠已熟西廊　登絕頂[illegible]芳草露溥溥絕
塵客堯竹數竿把蓋共同[illegible]衣苔逼斗牛寒
雄心鐵世欣逢侶孤頂摩[illegible]不[illegible]冠漫道仙凡終自
隔于今拔宅可同看　大士[illegible]半間佛閣俯層城闊
說高人此隱名入座曇花[illegible]對飛來松翠喜還迎
豈是羹酒頻推向山[illegible]有聲寒食可憐煙火
寂挑燈還見對雲平　[illegible]題詩絕頂履橫繞翠
峯寺獨無鎖借雲封上[illegible]見飛壺客深入先登[illegible]
說翁一步一高霄漢近四顧四達海天空婆娑詩許
恨松臥擬作蓬萊第幾重　邑人季時芳詩石龍山

邑何龍從芙蓉片片開晴空蜿蜒迤邐下林麓沿石壁立倚長松長松聳闢元帝閣石龍昂首如端笏梵宮林樹鎖昏霞清夢蹤鐘聲曉月懸崖小洞可藏春修竹斜穿綠苔句長留仙人不知歲閱[illegible]世上今古人惟問佳勝誰[illegible]剖南國樊公五丁手[illegible]奇歷歷到如今可比柳州柳太守蹤展不盡看山[illegible]凌虛作賦日徘徊山靈於今重生色令人千載仰[illegible]材　知府周茂源詩　忙裏登山快囂塵淨此間[illegible][illegible]天語近拂袖石花斑樹合煙浮碧雲流鳥度開[illegible][illegible]嘶作賦新月壓眉彎　邑人季娘詩　石龍昂首[illegible][illegible]千尋絕巘振衣問古今盧舍不堪追往事郊原[illegible]苔溼茸霖蜿蜒插漢雲中影吞吐長川天外吟自娩鰍生猶未化許同攀躋樂難禁　知府孫大儒次季生韻　淨土人間何處尋石龍山寺有如今攀登未必遂高蹤游息還思沐法霖霧隱花鈿欣豹變松樓風嶺善龍吟斜陽忽聽鷓鴣語只此使其不自禁　知縣程繼伊詩　遊[illegible]開古沿石為龍直[illegible]白雲披九重半壁危松來遠[illegible]千峯飛[illegible][illegible]孤峯[illegible]瀾龍亂斜吞月岸竹紛紛[illegible][illegible]

風莫道山城景色少著陰探聲似鼓鐘 邑人皇
詩石龍何蹲踞不飛向天去一口汲龍川吟卧華
邊閣仙何年始登鼓掛意昇高高龕之前松柔老名
年松子落無數其葉疑爲雨積葉踏響人苔花繡又
春洞冷寫石髓洞口連孤市水雲氣味酸 與
鹿虎共眠餐龍頭明月小龍尾清風了 霞帔山 縣
治對相去二里晨曦光射閶闔辟決如今君邑人東
葳詩 何時神女下人間霞帔輕挽枕兮山朝露蔭
融梳石髮澗梅點點綴雲鬟兩彎黛色常堪羅一尚
春容不忍別我欲攘奇顏羅疊態然相對可消閒
天馬山去縣南二里與霞帔山連 知縣程維伊詩
天馬臨空佳氣殊閃光爍電繡雲衢錦鷴潤
放碧霞起玉勒彩開瑞日俱有意鶯聲啼曉谷無心
雲影繞冊竭星迴太地滿綠溪鬱鬱蔥蔥上帝都
巾子山又名錦山去縣北十里兩峯對峙佳氣浮空
若彩橋然昔傳有寶華仙杖往來其上遺積
薰山應劉知新狀元及第 徐道源詩八月二十有
五日薰山頂上何奇特煙妝空濶落日寒瑞雲望中

慶元縣志 卷之一

呈五色初如飲澗一長虹忽更彩晝三道直北山之
北巾子峯橋跨兩山幾千尺仙人說□固不知才□
鄉閭好消息秋風早魁狀元歸先是□光動星巧矣
來接武應有人寄語吾儕勤著力　□人教諭余□
亭詩巾子峯頭駕彩虹薰山一道行充邊覺雄其□
飛青嶂雲蓋亭亭凝碧空仙伏依微星玉館帝閶□
尺太微宮先朝盡亭誰當燕鷰歎燕此萬巷功合
渝程維伊詩彩雲五色分冥兀氣氤氳嶺上迴邊色
谷中生水紋參差如織錦聚叢似
蔽蘿莫嘆濯纓□嵳峩樹莫雲

文筆山 去縣北三里五峯□□

立尖削摩空又名五當山　邑人李齊英詩亭亭□
勢彭巃嵸影蘸清池氣吐虹霓障遠參微辨字霽□
乍展欲
書空

曬袍山 四都坑西源

掛榜山 七都安溪

松源山 下□□昔筅□

邑人季灯詩　環城山作障松源出更奇丸松花□
月不辨秦漢時古柯疑化石千霄雲□結亭亭蓋□
綠生煙斜曛返照晝蒼赤寒潭清澈池天空々□
彩色轉紅千村煙火傍霞起一□□□□□□氣□

則古來名勝固多美物色撩人終不[illegible]
當年好樓奇名山至今引知己我來[illegible]
添松陰入影來簷楚其醉
蟠桃山 去縣東二十里
松山下新月盈盈樂爽回 山[illegible]
其上桃花霞綻隱隱有叢篁管聲黃公嘗于[illegible]
人嘗作詩 桃峯突兀禁煙關空翠濛濛[illegible]仙[illegible]
深近看疑雁宕石聚還疑是天台春歸别雨[illegible]
日落高林象高回手酒亦帶詩狼藉秋今[illegible]才

南山 去縣西十里冊崖 翠巘奇秀佳麗

象山 西都

鏡山 去縣東二里風[illegible]

山 去縣西七十里羣峯比最高入雲漢邑人李[illegible]
明詩 比翼凌霄勢欲飛嵯峨望嶺屐攬清輝石磴[illegible]
雨蒸苔滑徑着秋霜木葉飾南樓漫亭仙窟遠家[illegible]
歷君侮山嶽何年跨此嵌巔去五雲猶堪一攬[illegible]

百丈山 去縣西北三十里與松溪界懸崖孤峭[illegible]
高聳五代時馮氏二女棲真於此升成[illegible]
巖壁間有刀痕遺跡上有三聖井下有龍[illegible]
雨以木石投之泉立湧出雷雨隨至 歙翰纂文[illegible]

起百丈山在慶元縣西北三十里五代時禹氏二人
修煉于此卅歲仙去邑人於其地立祠祀之壬寅[illegible]
于以禱雨往是日天朗氣清嵐光杳靄林木蓊鬱人
人生秋思鳥道崚嶒遠進不可方駭步行約十里[illegible]
霧起嵐頂如垂羅幕須臾而霧豫下矣咸謂此[illegible]
不容判已陰則必雨雖旋日當空而片雲蕩起風[illegible]
隨至以有龍棲故也又五里緣崖而上[illegible]深[illegible]
石丈魯時漸闊男婦進香者日以百計[illegible]堙如[illegible]
身爲之黑燈不容則變于岩口道入[illegible]蹤蓋[illegible]
庵左由石磴百餘武即飛昇岩見[illegible]霧[illegible]
天一線岩石有三穴如蠡形有扃[illegible]覆痕[illegible]
寸許真仙蹟也岩外四山環抱中爲[illegible]臺上有[illegible]
可大積約言之耳時霧收望見水如飛[illegible]
下有十三井合止日[illegible]三過夏則龍棲雲[illegible]如
者秋不知有暑[illegible]有搖身岩一石如砥[illegible]
許身不過二尺矣凡而[illegible]若斷橋然至於[illegible]
嘯可畏登之者覺[illegible]御[illegible]設再搆一亭可容[illegible]
遊眺更當何如語[illegible]山[illegible]名水[illegible]置[illegible]一入[illegible]

之矣鮮亦與中界氣侵人覩眎入山迴若冬夏之間
陸陰晴不同亦地使然也日晡抵署漫爲之記　邑
人吳覃詩煙蘿封谷口轉憶武陵桃峭壁雲生竇[illegible]
溪雲漲濤鐘聲過水遠鳥影拂天高地僻堪逃暑酣
歌且濁醪邑人吳述詩靈岩百丈聳層霄覽勝何辭
蹋水遥岸夾千峯迎渡口林開一徑繞山腰仙臺月
出疑懸鏡梵閣松鳴忽上潮刀尺履痕猶彷彿步虛
時後奏鳶簫　邑人吳希點題龍湫詩懸河雲半落
誰劈翠岩開瀑吼山鳩動濤奔雨忽來飛花侵扇[illegible]
湧雪黑御杯康樂空耽勝靈丘霸草萊　知縣程[illegible]
伊詩兩崖迴合漱清流幾處龍泓辨古湫薜石崚[illegible]
開壁面松岩屼嵂枕溪頭岑樓雲起晴還雨澗戶[illegible]
生夏忽秋高頂一樽聊縱目逍遥似挾羽人遊
尊戚光朝詩兩崖懸削壁古色老秦松樁石疑蹲[illegible]
靈湫隱蟄龍瀑聲驚雨過仙跡借雲封坐久寒侵[illegible]
遥聞隔寺鐘　邑人吳運光詩百丈高峙[illegible]以[illegible]
屋雲[illegible]深莫測千峯萬峯不礙雲長天倒照青[illegible]色
我來振衣越其麓孤頂摩天一極目崖泉飛雨白[illegible]

寒煙山點點皆翠伏帳有曾巖音露許當年號化玉爲人蛾眉不受人間姑採茶山中湖有春一自青兒入丹府鏡色埋秋光燕王當夜借開玉皆香兩[illegible]彩依風舞君不見名蹤竟許藏金星百歲星霜[illegible]迷但見萬丘卧麋鹿何加身去彩雲歸名伴山青與衣綠

粉盒山

金釵山

[illegible]山

鼠山

蓮花山 洪在工部[illegible]以狀名並鎮奇瑰 邑人吳自明詩 極目蓮峯[illegible]青[illegible]到岩闡是來供作兩何不不成雲拂屏松半月落合浸衣竹翠分此中[illegible]遊坐安月光山文

[illegible]舉溪前臨溪水後枕峯[illegible]吳氏世居其下代不乏山人 邑人[illegible]知我詩[illegible][illegible][illegible]碧波平林淡[illegible]醉顏酡蒼梧[illegible][illegible]東[illegible]已碧嶺[illegible]爲織女歎自是九霄飛半闕斷[illegible]三峽匯孤峽注茲滿引寒泉[illegible]領[illegible]其中爽氣多

銀屏山 [illegible]

真武山 黃壇一峯[illegible]峙列嶂環抱

鐵旗山 在去縣南十里

黃鶴山 [illegible]坑

琵琶山 九都[illegible]九峙 邑人吳[illegible]詩 翠嶽[illegible][illegible][illegible]百泉[illegible][illegible][illegible][illegible][illegible]

彈絃閒樽坐聽風前韻疑在江州月夜船

白馬山

中濟　邑人吳王考詩
東山矗矗聳鬱下行客

傳呼爲白馬雲生毛鬣弄風嘶紅蹄亂踏花滿野山花色色穿林綠綠風引香魂斷復續隔溪腔鳥學初回日何遊人傳新曲千頃晴光秀不落況有吟懷相與託綠尊浣照巖烟青我對山靈心何作

雞鳴山

四都

黃公山

即黃公寨去縣東五里與象山連遠視如屏邑居者多面此山

王認山

與百丈山連宋益王由此入閩愛慕之故名

烏峰山

三都有梵公聖者廟歲旱禱雨立應進香者身或不潔羣蜂擁至因名　邑人吳鏐詩數折危巒上巍然變大觀村烟來一色象壁響千端雲幕青天闊風高白日寒忽聞鐘磬語誰道出塵難

山岡山

七都羣岫出其下有禱輒應又名仙山進香者四時不絕

斑岱山

四都藍峯飛瀑競秀爭流　知縣程纓偉詩石壁橫開萬派波倒傾三峽下平坡千絲縷練響幽谷一帶銀珠瑱碧河　邑人吳王鍾詩萬斛雲濤響白練掛秋空石竅聲飛吼號

日射長虹鳥駭時疑雨猿嘯不知風但得匡廬趣安
慮坎坷逢明珠常噴薄皺人間不窮終願歸江海長
崇流潤中

翠雲山 寨後塊與青峯山連山林森茂巖石嵌 雲山下有洞 邑人葉□□詩古洞砼
谺頭白雲春山庵鶴藪清芬坐來
猿鳥聲俱寂獨有飛泉隔竹聞

青嶺山 竹口山崇 閉二平周
結庵其上前列秀峯後擁屏山夏不知暑有白鶴岩
五代時一童子十歲遊此跨鶴而去 邑人周宣詩
寒巖寂歷迴生煙絕頂岧嶢半隱天晚色披雲鶯宿
鳥秋聲襍雨入鳴蟬禪棲試覓登千室法乳長懸智
者泉是處溪山堪寄
穿結茅應老石橋邊

檯湖山 耆田山勢峻大羣峯 環拱與龍泉黃南界溫

洋山 在縣東北屹立奇特為諸山冠昔有老人年一百二十餘歲居此後遇仙而去 邑人葉上選
詩青林連海嶠鳥道逼天高古洞長留雪蒼松晏乳
濤香蒸寧野蘇餅荐采溪毛別有仙靈藥誰誇阿母
桃

石壁山 二都石嶺溪 空邑東洞阻

棘蘭峯 去縣北二十五里峯 巒嵋集前啟延除司

句集今瓊止建臨　邑人李輝詩棘底蘭香景最幽乘高躡屐足遨遊輕煙細細朝連夜薄霧迷迷炎復秋絕巘行人天上落懸崖古澗水中浮

迴龍山 一都山勢樓頭畫角當空晝夾岸風清聽鹿呦盤迴狀如伏龍中構一庵有蝶屋鶴洞瀑布試劍石

邑人周貞一詩　紆趾千盤嶺高高雲氣涼崖泉翻雪浪石骨鐵[illegible]巘竹迎人絮飛花繞殿香[illegible][illegible]鐘[illegible]老歲月坐來忘

萬里林山 栗洋遠邇深廣林木森蔚

黃堂岡 聳象山之北下爲東嶽祠

烏石嶺 去縣西十里石聳嶂削爲邑西障

應嶺 去城東十里橫矗雲際森如列戟

洛嶺 去縣東六十里崒嵂倚天

石梯嶺 縣東二十五里卅崖飛瀑　邑人吳貞明詩林壑盤迴竹樹幽清溪浪捲雪花浮石門瀑散千帆雨洞穴風生六月秋隔岸幾看泥布出落天直作斷虹流匡山漫詫銀河水此地還誇百丈湫

角門嶺 縣北

叢竹嶺 縣東十里

赤搏嶺 縣南七里

梧桐嶺 縣東三十里

大陌四里

嶺縣西北四十里　寨後嶺縣西北三十里　青草嶺縣東五十里　泒石嶺縣南二十里　班岱嶺縣東十里　石灰岱嶺縣東四十里　雙股嶺縣北五里　林草嶺縣東四十里　魚塘岱嶺縣東八十里　虯盤嶺上管　赤坑嶺八都　明笋嶺棘蘭　張天嶺縣西北六十里　[illegible]嶺縣北二十里　插花嶺　田坑嶺　湯源嶺　打鼓嶺　毛源嶺俱十一都　白雲洞陳村嵒石欹空常有白雲覆其上邑人吳與孝詩霜林漸漸葉聲乾雲壑翩翩蝶晚寒磴繞七盤凌樹杪泉飛百疊掛簷端　百花巖三都花卉繁盛岩上有仙人遺跡歲旱禱雨如響　邑人吳麗明詩丸峯削立刺天出攢霞樹日奇非一我攜秋屐叩其巔蒼山圍翠如一室高臺落星橫千尺不見黃冠對其奕他日崖邊滴流雲此日楸枰撐柾一石流雲摧石掩苔存昔年棋子了不歸來金盤綺樹知何在但見岩下百

嵐花迎野翠綠秋色香霧空濛深莫窺山

依稀當日樹口徒嗟落山南并山北

石洪洞 下

迎人洞 晉上

馬蹄巖 郡四

歌雨巖 丈五上韻天延下袁削數

疊石巖 蝌蛤

兩石相疊遠望若懸崖二石高十餘丈上員大下直小中如葫蘆頸

川

松源川 又名清川源出松源山去縣南五里流入山溪合大溪邑人吳王賓詩用盡百千曲寺平萬古清松老雲氣結龍吟蕭有聲作清用手慶于一溝經岸遠共同淵風恬水正平特囊人家小崎峯柳天佩沙邊雲日貴錫暮來遊盟

洄淵川 去縣北十里有石如印浮于水面人以石浮況

卜載臺戲憂驅邑人吳從豆詩白雲迷竹徑綠水砥洄淵野大先塵塵滌林帶秋橋磯帶往來役吉昌不奈濃流發縣岡近小舟

蓋竹溪 去縣東一二十里

蓉溪 去縣東六十五里共

盖竹水合入吏號
澤經石壟入大溪
張淤溪
又名魏溪去縣北七里
入溪口澤合經溪水號
洲溪去縣北入里合魏溪水入槎溪　蘭路徐懸亨
詩一雲成吏隱何處問桃源野鶴靈萬壽山來
師作瀟湘逕遥雁公月影啼猿夜事東書永瀑澤
日邑曉邑人業孔舒請青山不成謝公宴新舒郵
徐鼓延村嵩定桃花艄
畫嶼柯頭更覓武陵源
槎溪
去縣北二十里合芸洲
水入闊漈風醉綠瀧燒
翠
青
芸湖溪
去縣北二十五
里合徑桑水
棘蘭溪
去縣北三十里流
入松溪　邑人□夏
孫芸詩鄭葉夭林樹芳蘭翠鏁層巒竹數
華長似春溪錦夜雨奔雷瀑雲籠恩霈
新窰溪
去
縣
北二十五里合
竹口水入閩
□溪
去縣北
六十里
下漈溪
去縣北六十
里合竹口溪
七
亭溪
去縣北四十
里合衛峯溪
竹口溪
去縣北五十里淹入梅
亭溪　知府孫大霈詩
□口館門曉繫舟當慮止宿煙重樹
差竹樹垂嚢寺鐘□香煙下燭
竹坑溪
薰阜四
水□

山[illegible]金文名古[illegible]龍
人[illegible]又[illegible]詩[illegible]澗
[illegible]不[illegible]坑高
[illegible]古[illegible]視西[illegible]流入
[illegible]石瀧[illegible]縣北
[illegible]入[illegible]神力
[illegible]中浮
[illegible]上[illegible]一流
[illegible]一[illegible]小[illegible]知縣
[illegible]石標
[illegible]一[illegible]翻山
[illegible]文[illegible]二[illegible]縣東
[illegible]日[illegible]十[illegible]直瀉
[illegible]周[illegible]縣北
[illegible]入[illegible]二十里
[illegible]邑人[illegible]色溫
[illegible]一[illegible]中[illegible]奇

龍□石□□□□十里□□覽□□□□入右後潭□□□鏡山前東□□□□□□□□□□□□□□□□□□□□□□□地□□

□立□□□二三□□□□□□□□□□巴人吳世□□□□□□□□□□□花樹□□三□□□□雨□晏□□□□東□四十

□水潭八把馬潭八□□□入□□□縣□流入竹□溪□□□□□□□□□□

初水潭八把馬潭八□□□入觀作□入□□縣澗流入竹口溪

魁潭十里□□龜回潭□里去□里□二十五里□□流入白□潭句□三十里去三十里□□入龜回潭句

三才□□□成□浮□三平□周良□

堰陂

趙公堰即周袁壇障益竹濛滄二溪水入一都灌田四十餘頃知縣曾壽築崇禎間洪水衝壞知縣楊芝鵠重築今壞　司後堰布政司後今壞　潭頭陂縣北石龍潭下　村頭陂

柿兒陂俱本周[illegible]　山邊陂　中陂俱四都竹坑　溪頭陂　葉陂俱九都新窑　黃壇陂黃壇　潛衙陂九都新亭　田邊陂　伏石陂

獨石陂　後坑陂俱九都竹口　栢渡陂　大澤陂俱十都　中村陂三都　朱村陂五都灌八都田三十餘頃知縣曾壽築　長田陂六都　溪北陂八都　新碓陂　謝家陂　後姚陂俱城東　小濟陂下管

津梁

北門橋雲龍門外嘉靖十五年知縣陳岸建四十三年改建萬曆二年重建康熙三年燬于水復建

杭橋城西北[illegible]至元十年大二十六年重建[illegible]名太平橋[illegible]二十五年築城橋燬四十三年知縣葉應亮從[illegible]請增開小水門

楊公橋雲龍門外改名水門橋崇禎間大續建草橋[illegible]爲衆水之匯形勝關于一邑元大德間建[illegible]花寺于崇建於石寺門額曰興賢明天順間燬知縣沈鶴因龜石名曰謀歸中華大觀亭嘉靖二十七年壞知縣[illegible]重建[illegible]幾爲水環流萬曆三年知縣沈維龍再[illegible]十六年四月朔雷于水崇禎十三年知縣楊芝瑞[illegible]補天閣小蓬萊雙虹架於左右改名楊公橋邑人[illegible]大守吳勁錄伍百兩有記見藝文順治五年左橋[illegible]爲鄭圖位重建康熙八年左橋邑人余世球修[illegible]橋及閣邑人[illegible]鍾重修

濛淤橋二都元至元間建又廢明嘉靖五年邑人葉享重建[illegible]

[illegible]橋東隅元至正九年建明洪武三十五年邑人謝[illegible]隆[illegible]崇禎六年燬十六年邑人吳[illegible]葉[illegible]

葉上達[illegible]豐[illegible]橋東關又名[illegible]公橋[illegible]龍[illegible][illegible]年[illegible]八
[illegible]建[illegible]邑人[illegible]仲[illegible][illegible][illegible][illegible][illegible]
二年邑人[illegible]政清[illegible]橋[illegible]西[illegible][illegible]清三十[illegible]
仁[illegible][illegible][illegible][illegible][illegible][illegible]郑[illegible]野[illegible][illegible]再[illegible]
建[illegible]祈[illegible]橋[illegible][illegible][illegible]三十三年[illegible]鳳[illegible][illegible][illegible]人[illegible]
[illegible][illegible][illegible][illegible][illegible]里人吳[illegible][illegible]建[illegible]歷三十六
文[illegible][illegible]龍[illegible][illegible][illegible][illegible]庄[illegible][illegible]二年[illegible][illegible][illegible]五[illegible]王
[illegible]貢生[illegible]盤門橋[illegible][illegible]吳毅兄弟[illegible][illegible]至[illegible][illegible]于[illegible]
[illegible]建[illegible][illegible]各里人[illegible][illegible]倡[illegible]重[illegible][illegible]慶元
平[illegible]又南田橋[illegible]建于[illegible]萬[illegible]間里人[illegible][illegible]逄
[illegible][illegible][illegible][illegible]重修順治十八年吳[illegible][illegible][illegible]
[illegible]貢[illegible][illegible]始建崇禎間里人陳[illegible]南[illegible]橋
[illegible][illegible][illegible]豐[illegible]吳康民重[illegible][illegible]在大[illegible]
[illegible]建[illegible]五大保橋嘉靖間葉蘭[illegible]橋嘉[illegible]三年邑
[illegible][illegible][illegible]仲珊建人[illegible][illegible]吳
[illegible][illegible][illegible]赤坑橋[illegible]水崇[illegible]蘭橋[illegible]歷三年[illegible][illegible]
在二[illegible]順間[illegible][illegible][illegible][illegible][illegible][illegible][illegible]班

[illegible]十五

橋八[illegible]永樂十一年邑人[illegible]建　黃荊橋[illegible]後[illegible]洪武十八年建[illegible]永[illegible]十六年邑人[illegible]　新[illegible]橋九都

[illegible]年重建[illegible]慶四年知[illegible]重建　寨後橋[illegible]都里人[illegible]　[illegible]歷四年[illegible]五年知縣沈[illegible]　朱村橋[illegible]邑人[illegible]堅[illegible]　雙坑

[illegible]建[illegible]八年[illegible]　三　武定橋　木

橋　余[illegible]橋　觀洋橋　[illegible]橋[illegible]

[illegible]橋洪武四年吳[illegible]建　芸洲橋[illegible]建[illegible]大[illegible]九年[illegible]六都　黃坑橋

呂[illegible]上橋　呂源下橋　[illegible]坑橋　隆宮橋　芝塘

橋　蓬橋　六[illegible]橋[illegible]在[illegible]　[illegible]高橋　領恩橋舉人

[illegible]建　[illegible]雲橋里人吳子[illegible]建　[illegible]橋永樂間里人吳子興建　[illegible]龍橋隆[illegible]

二年里人吳[illegible]　[illegible]建　[illegible]建[illegible]上[illegible]　楂草坑橋嘉靖間邑人葉[illegible]建　楊坳橋嘉靖[illegible]建

八菜寨建

外村橋嘉靖三十九年邑人吴仁忠募建

官局橋萬曆間邑人葉繁建俱在二都

福安橋小濟邑人劉可達建

白蓮橋黃增成化間里人李仲旺建

雙□橋嘉靖間里人李騰宏建

西溪橋

下坑橋

阜翠橋永樂九年里人周寺初建嘉靖十一年本府通判周紳重建萬曆四年換知縣沈維龍□□吕項淵督建順治間壞竹口吕民募建

巖抗橋隆慶間邑人吴源建

嶺坤橋新窑嘉靖間里人吴啓建萬曆間知縣沈維龍重修

關橋洪武間建尋水壞永樂間邑人何得成重建俱在九都

沙板橋洪武間里人陳永之

下店橋永樂間里人楊彥器建

查洋橋元至正間建

李村橋賓

潭橋柏渡口

附鳳橋柏渡口隆慶元年邑人吴秋建俱在十都

姚村橋宗

頭橋俱十一都

楓樹橋宋延祐間建今廢

長洋橋

葛田橋元至正間

色　[illegible]橋洪武[illegible]建　開門橋　觀音橋　連[illegible]橋二保十[illegible]

[illegible]橋五都又名下橋　[illegible]家洋橋去縣北五里又名上橋　[illegible]橋二去縣[illegible]里

天[illegible]橋去縣東四里又[illegible]麻　濛洲橋二都　把馬橋五都今[illegible]麻　尾[illegible]橋[illegible]

[illegible]橋六都　雙龍橋　路重橋　普渡橋九都名[illegible]

[illegible]十年知縣程[illegible]重建　公橋一　縣北角門[illegible]為衆水之[illegible]邑之關[illegible]康熙九年[illegible]程[illegible]伊從父[illegible]資[illegible]建[illegible]捐[illegible]顏曰[illegible]

[illegible]名[illegible]公[illegible]意[illegible]建[illegible]英[illegible]

[illegible]二[illegible]口[illegible]門為邑[illegible]

[illegible]三十七[illegible]靖四十三年知[illegible]

[illegible]二十[illegible]年[illegible]一[illegible]知縣[illegible]建[illegible]

[illegible]九[illegible]文[illegible]壞今[illegible]

市鎮

周官有司地之職治市之法固國政所不廢亦民用所攸賴慶元歷來無鎮僅有二市一在上管舉溪去縣甚遠商旅稀至今廢已久一在九都竹口為閩浙通衢每歲八月十日迎神四方商賈聚貨貿易三日而散謂之迎會

街巷

大街縣前 北門街縣北 上街邑 橫坑街縣東邑人吳[illegible] 東門[illegible]街縣前邑人[illegible]街縣後邑人[illegible] 石龍街北門外邑人[illegible]

甃磚 後田街東門外邑人姚瑾蒸繁甃磚 上倉街縣南邑人吳克禮甃磚 竹口街九都邑人葉荷甃磚 竹瓦巷縣西 埜塘巷縣南 西湖巷縣南 後門巷縣西北 濟橋巷 後碓巷伊東門外

關隘

伏石關九都竹口 石壁隘二都周墩 烏石隘三都□ 西山隘四都 喜崙隘一都 馬蹄隘夫下曾三王 鐵園隘六都民立六隘崇禎十倒平知縣楊之瑞每隘

進隘倭一應守屋五楹又八□□□十五年捐俸置田千畝鵝隘有記 轉蘭隘知□□□瑞建營

後守屋順治五年巖十八年知府劉長源按慶見其地界松溪重建隘樓置兵巡衛實和□給事中毛□冊有記見藝文 角門隘十□□ 石門隘十二都十七庠 白鶴隘 嚴□□

舊梁上入計[illegible]畝[illegible]良

梅溪隘 二都 [illegible]尚山隘 四都 [illegible]塘隘 九都 飲龍隘

二都 二 高嶺頭 上下有屋二所 顧[illegible]林[illegible]

黄亥隘 元因嘉靖年間大田隘田[illegible]屋與爲景宗[illegible]

沂沿[illegible]分上至[illegible]下至[illegible]要其[illegible]經[illegible]

告至萬[illegible]四[illegible]知[illegible]勤[illegible]

昌[illegible]黄[illegible]知[illegible]至兵[illegible]

會[illegible]五日[illegible]民[illegible]

營寨

演武場 一在縣[illegible]學址下[illegible]一年知縣[illegible]

[illegible]以其地近[illegible]使[illegible]

歲[illegible]角門[illegible]十[illegible]之[illegible]建[illegible]

[illegible]建[illegible]屋[illegible]一[illegible]其[illegible]門[illegible]

[illegible]
坑
乙止坑　汎　陳寮坑　毛洋坑　一石籠[illegible]
一都[illegible]坑　黃[illegible]坑　番坑、大[illegible]
四三都在[illegible]一
都火[illegible]
里
隔[illegible]方[illegible]二畫　後[illegible]　後田　坑[illegible]
桂香坊　二畫　東門街　上倉[illegible]二
長寧坊　[illegible]濟[illegible]二畫　石龍下　[illegible]
都

紹歆坊二圖[illegible]下塅 舍[illegible] 後衕

竹坑里凡二

松源鄉自一都至二都凡十八里康熙十年併爲減役一都減二里二都減四里止十二里

從政鄉自三都至七都凡十三里康熙十年四都減一里六都減二里七都減一里止十里

崇慶鄉自八都至十二都凡十八里康熙十年八都減一里九都減一里十都減一里十一都減[illegible]三里十二都減一里止十四里

招賢里屬坊管去縣南六十里舊爲五村名二十有七

舉溪　洛嶺　滁根　陳鑑坑　後洋　包謝

八爐　嶺頭　黃稲坑　後倉坑　鷹坑　滁下

葛坪　後坑　吳山　半溪　西溪　范處　留

川　下洋　楊家樓　東山後　東溪　熏田

西坑　杉坑　澤稱坑

招賢里　亦屬下管去縣南五里轄區二村名有六

大濟　小濟　七保　八保　黃坳　下灘

何方里　屬二都去縣東南一百里轄區一十一村名八十有七

周墩　濛淤　石灰岱　林坪坑　奇羅　俱一區

坑　半山　黃坑　紙焙　南洋　黃泥　火位

洋　烏石　俱二　五大保　西坑頭　長遠坑

[illegible]寮　杉翠灣　大漈　下漈　[illegible]

[illegible]　北坑俱三圖　官塘　上洋　堰頭　高崇坑

石柱　黃垙蘆俱四圖　洋罙　新村　送客塆　石[illegible]

[illegible]倉　黃壇兒俱五圖　蚙湖　黃木　三井溪　齋[illegible]

部　石薤　爛泥　後坑頭　楓樹坪　栗洋俱六圖

會　黃沙　橫嶺　青竹　何地　高漈　岱根

蘇姑塘　巖坑俱七圖　底墅　下墅　大巖　黃坌

山　楊橋　馬家地　尖上　車坑俱八圖　左溪

日括　竹坪　岡根　堪頭　箬坑　蓮溪　洋[illegible]

頭　上店　彭墩俱九圖　蓋竹　梧桐　箬塊　等

處　後坪　石塘俱十圖　均根　西洋　東坑　淤

下　[illegible]　半坑　東岱　碧頭　斜山兒　等

亭　下　下段　黃安俱十一圖

三都去縣南二十里舊龍巖里圖三村名二十有四

際村　中村　蘆寶　黃皮　斑岱　南坑　等

頭　竹後　橫坑　坑井　岱根　五漈下　等

漈俱一圖　余地　塘下　洪嶺根　五嶺根　五　等

頭　後溪　劉貫溪　諸山　[illegible]俱二圖　後洋

管山頭　小源　棚下　小安　半嶺　茶塢
竹下　根竹山　黃嶺頭　西山　嵐後俱三圖
與遊里舊爲四都去縣西北十里舊圖二村名二十有一
下洋　張家畬　馱坑　濆田　坑西　石磧
道堂根　平坑　横柵　均後　源頭　斑岱後
俱一圖　田邊　塘邊　㘭下　崗上　漈上　竹坑
源　蕪丱　學後　雙要俱二圖已上松源鄉
語後里舊爲五都去縣北十里舊圖一村名一十有四
鋤溪　番坑　湖邊　坑頭兒　底村　㘭下

鏞淤　李塢　白蛇窟　上源　石井　黃花坂

俱一畚　金村　薰山下　俱二畚

登高里　屬六都去縣北二十里　舊畚三村名二十有六

坑里　葉村　外桐　坑邊　底桐　官倉邊

洋里　井公坑　車下　葛徐　俱一畚　山根　吳園

頭　芸洲　龜田　塗坑　蘇麻　局下　俱二畚　蘇

墺　雷山頭　下溪洋　吳源　洋塢　石門

白嶺　黃沙　洋頭背　俱三畚

黃大里　屬七都去縣西北六十里　舊畚三村名三十有八

黄坑　坑下　坐水礱　內園　[illegible]山　黄嶺下

張地　小林源　鄭山後　岸後（舊二）　梓坊　[illegible]徐

坟　蕭潭　勁山　嶺下　亭下　坪頭　李地　白

沙　固源　中村　隆宫　西坑　[illegible]　陶坑　何山

頭　山坑　洋源頭（舊爲三）　蒸坑　道堂根　洋山

頭　五崁　漈下　坑口　山岡　横溪　一下[illegible]

底　徐山（舊庵）　三

諸里（舊爲八都，去縣地三十里；舊爲二都，分三十有八）

村下　余村　竹坑　後洋　楊溪（舊二）　溪兜

下莽　東山後　山猶　赤坑　蔡蘭　捐木

東溪頭　寨嶺坑　高讓　月劉　下淤　鍾石

淤　下塘俱三□□已上隆□神

欽豐里舊凡□□□□□四十里舊爲三圖今二十

良湫　因後　旱坑　大□　合歷　馬調洋

何衕俱一圖　溪塘　下窟　□□坑　青毛畬　大

松坑　蔡山頭　嶺根　上坳　山頭　千秤

桑坑　爐坑　光湘　湖壇　泰馬兒　三嶺

陳龍溪　隴口俱二圖　新窰　黃壇　溝衕　青□

坑　竹口俱三圖

仁孝里在十都去縣六十里舊爲三村名一十有四

上澄　陳邊　上嶺　上中俱一圖　吳村　李村

下淤　湖頭　烏嶺下　中碓俱二圖　淤頭　中淤

洋頭　後坑俱三圖

祗道里在十一都去縣八十里舊爲七村名四十有二

龔村　排頭　毛塢　濟上　濟下　張巖俱一圖

丁源　毛源　羅源　茭洋俱二圖　槐源　黃畬

嶺後俱三圖　小黃南　中村　何坂　横坑　泥

根 舊保四 何源 上東山 保五 湯源 英㙮 黃洋

林邊 根竹山 府嶺發 李㙮 桑根 舊保一

瀾坑 鄭端田 楊湖 下㙮 外㙮 茶村

龔井 孔坳 佛堂坑 虎頭橋 流村 東村

前磜 舊保七

承順里 管十二都去縣六十里舊名三都村名一十有九

山頭磐 三溪 下洋 頭陀 桐溪 桐山

小梅 金村下洋 上坳 南溪 花源 舊保一 大

岸 桐溪口 蔣鳴 黃坪 舊保六 長德 黃㙮

下坑

葛田 俱三啚已上崇慶鄉

已上各里

皇清康熙十年七月內奉 總督劉 巡撫范 憲牌併啚減殺向例不及三千畝爲一里今届編審編定三千畝爲一里仍聽里民以近就近自尋熟識配爲一里等安到縣知縣程維伊加意剔釐勞心經畫恪遵來文聽民自便熟識相連計畝多寡酌里去留計減沒一百六十戶併作三十七里其所沒之戶田地山塘悉併入三十七里之内中有兩姓併爲一戶或二三姓或

異姓併爲一戶且止有丁地山塘而無田畝者亦然有田畝而無丁山塘地者各依所併項下輸差悉無相累之弊里既奉文減併戶亦裁民併合一遵清戶清丁均里均役以禁豪強詭戶飛灑永杜愚懦之偏枯庶無顛倒科則借端濫派苛徵輸之法先年慶邑田户自稅自輸並無現年償賠之累自明季法弛弊行錢糧完欠專責現年如有欠數勒令充賠反縱頑民彔里故意拖延以致現年粮長剜肉補瘡典賣賠墊以兌攢責數十餘年小民視田如仇棄家如驚

雜盡述自知縣程繼伊到任悉除其弊仍優自稅自輸民乃安堵康熙十年八月內又奉總督劉 巡撫范檄行嚴禁內開姑赦舊奸一敷新令槩將現年糧長名色盡行革除其各甲田地人戶悉照自己名下應徵銀米依限完納縣官催徵俱照赤歷人戶田糧刋給易知長單分散各里與限自齎赴比如有預期先完者即于簿上註明給票歸農不得重勒比較或係一人十分即自催自完不必更催他甲甚爲小民簡便等因檄文到日與知縣程繼伊向日所行者符節之合

于是查覈志存行求無現年賠累之弊將見民自樂於輸將而官不遲於考成安民足賦之道無踰于此

風俗

慶元山多田少地僻民樸舟楫不通市無商賈耕讀之外無餘事上戶少有積貯中戶衣食自給下戶力田傭食餘粟且田止一收蠶桑之利不興較之他邑稔歲所儲僅供中年富家不及其中戶所可稱者士守名節婦不外見無詩書勤儉莊安土重遷寧變產鬻將不忍受辱于非切己之不敢輕至公庭故敦讓尊[illegible]

敦龐禮教號稱易治其渾樸之風獨完稍有先民之

評點

慶元縣志卷之二

慶元縣知縣程維伊纂輯

建置志

秩統　公署　學宫　社學　射圃
鄉約所　社稷壇　山川風雲雷雨壇
邑厲壇　城隍廟　鋪舍　坊表　亭
閣　莊　亭[illegible]　養濟院　漏澤園

建長立貳固猶臂之相使宫序列壇乃禮教所自出廨宇昭其體統亭閣壯夫遊觀况名符攸關名宦之旌表而矜卹之典尤當先施瞿圜儼然鄭僑有桂志建置

秩統

知縣一人　典史一人　明初設縣丞一人至慶元年裁又設主簿一人明嘉靖七年裁　吏戶禮刑司吏各一人典吏各一人　兵工司吏各一人　鋪長承發典吏各一人　庫書一人

倉書一人

儒學訓導一人　明洪武初設佐訓導二人久裁裁一人舊設教諭一人皇清順治十七年裁　齋膳增廣生員各二十人　附學武學生員各不置額　學吏一人

陰陽訓術一人　醫學訓科一人　僧會司僧會一人　道會司道會一人

公署

縣治在城東北宋慶元三年令富嘉謀始建元至正十五年燬于兵二十六年達魯花赤亦部散重建明洪武十四年復立縣知縣董大本再建二十七年知縣李仲仁拓建宣德間知縣沈鶴重修中爲忠愛堂左爲贊政廳後爲耳房庫右爲今另堂前甬道爲戒石亭東列吏户禮承發四房西列兵刑工舖長四房皇清順治五年火於兵康熙元年知縣高攀重建房前環植桂樹亭前爲儀門者三康熙五年知縣程維伊重建儀門外東爲賓館館左爲土地祠西爲禁獄舊在儀門内萬歷間知縣陳九功改建于此又前爲大門上爲譙樓明嘉靖二十五年知縣陳澤匡以磚壘萬歷二十八年民火沿

撓拆毀右角知縣熊懋官重修有記見藝文忠愛堂後爲穿堂爲後堂知縣程維伊題其額曰萬古磨青左爲龍亭庫右爲架閣庫又後爲知

縣宅順治五年毀康熙四年知縣程維伊重建有記見藝文稍東爲典史宅順治五年毀康熙六年典史喬孔衍重建

縣丞宅明隆慶元年本職裁省知縣朱芾遷學于縣東以典史宅充學址以丞宅建典史宅主

簿宅舊在巡捕宅前嘉靖七年本職裁省知縣陳澤改建預備倉毀

府館縣東豐山門[illegible]建在西隅興賢坊嘉靖間知縣陳澤築城賣爲民地遷建於此中爲正堂者三後爲穿堂又後爲內堂者三東西列廊房廚房前爲儀門者三又前爲大門者三康熙八年知縣程維伊重修

按察分司舊在城北西隅石龍街末明知縣董大本建久廢址存

竹溪公館九都竹口[illegible]嘉靖間[illegible]

[illegible]曰藏[illegible]康熙十年知縣程[illegible]

[illegible]滌余生人闢[illegible]金有[illegible]

[illegible]見鑒文

小梅公館

[illegible]龍綱明知縣[illegible]

[illegible]建[illegible]二十五年知縣[illegible]

[illegible]西[illegible]戰寇治二[illegible]

[illegible]奉[illegible]其址[illegible]為[illegible]

[illegible]為民居嘉靖二十[illegible]

[illegible]建東門內府館前文廢址存

[illegible]東嘉靖二十五年[illegible]

[illegible]學[illegible]

[illegible]在東偏桂香坊[illegible]

遞會司

[illegible]大奉[illegible]嘉靖二十五知[illegible]

[illegible]三堂[illegible]二十五[illegible]

[illegible]

[illegible]

壽世[illegible]

[illegible]

預備倉

[illegible]舊在[illegible]明洪武間知縣[illegible]

[illegible]一[illegible]六[illegible]入都北倉[illegible]二[illegible]

[illegible]中[illegible]一所[illegible]在縣東官倉[illegible]縣治左

[illegible]二十五年知縣[illegible]澤將倉[illegible]

[illegible]周圖列十六處萬曆四

[illegible]宅[illegible]修[illegible]三處[illegible]曰

[illegible]向[illegible]

[illegible]部際[illegible]

[illegible]忠[illegible]

[illegible]之[illegible]重修[illegible]

[illegible]嘉靖二十八

[illegible]萬曆三年[illegible]

[illegible]粟[illegible]民

[illegible]德[illegible]之有裨[illegible]

[illegible]功[illegible]良

學宮

學在縣東望山門外坡下，今左中爲先師廟（康 四 知縣程維伊肯修）。廟前爲露臺（順治十二年教諭鄧起明建），翼以兩廡（[illegible]），爲大成門，門首三，左列名宦、土地二祠，右列鄉賢祠（[illegible]），爲頖池（康熙二年知縣高肇鑿），又前爲櫺星門，門首三（[illegible]學[illegible]），外爲學門，又外爲頖池，界有騰蛟坊，坊[illegible]曰[illegible]。大池西有起鳳坊，額曰道貫古今（康熙[illegible]年知縣程維伊建）。爲儒學門，門首三，內爲道義門，門首五，又內爲登雲[illegible]，下爲[illegible]天[illegible]門，倫堂，堂下左側爲訓導宅（[illegible]）。

周[illegible]諸生[illegible]為先聖祠初宋慶元三年令富嘉謀[illegible]
建縣[illegible]日上林元燬明洪武十四年知縣[illegible]
本[illegible]門外三十一年知縣羅仕[illegible]教諭[illegible]
觀[illegible]門[illegible]居門天順二年[illegible]知縣張[illegible]
地[illegible]下濕復遷瓚田故址[illegible]
化[illegible]年[illegible]建尊經閣一座嘉靖十年知縣[illegible]
[illegible]奏[illegible]明倫堂後建敬一亭於[illegible]
東嘉靖二十三年[illegible]外阻二澗[illegible]
為[illegible]縣[illegible]知縣[illegible]

爭議改圖使上其事司府報可嗣侯知縣吳希乃克
縣治東係總鋪典吏案中倉舊址郡人何鏜有記見藝文　萬曆二十一年知
縣周道長重修四十二年知縣郭際美因擎明堂臨
臨屏墻外排列店房殊不壯觀捐俸三十兩從將並
買陳燾帶新墾田租三百貳把陞科便吳衍慶等居
基壹拾貳值開拓明堂並益整儲備育英二坊崇禎
三年庚午知縣陳國璽諭訓若宏訓導賈應忠議
遷上請改建今址知縣陳國璽捐俸倡生員廣舊址又買邑人張龍郭地基下
足更以對壽崇古靈廟啟之教諭胡若宏有記見
藝文康熙二年癸卯知縣高耀擴墻九十丈餘

附儒學藏書目

四書 五經 通鑑 性理 世史正綱 資治通鑑 戰國策 綱目 六子書 近思錄 詩文 名臣奏議 大學衍義 蘇文 大誥 文獻通考 山堂考索俱明萬歷間知縣沈維龍置今失

四書五經七獲 鄧見文鈔十卷訓導歲光朝著

附祭器

牲匣八 酒爵二 青器爵大小一十五 豆六十 銅十 鐙一十二

正殿木刻龍鳳爐一 青瓷大香爐三 青器中香

十青器花瓶五對木燭臺一十二對神龕二座正殿大祭桌

一鄉賢名宦桌二明知縣沈維龍置正殿鐵爐一知縣朱芾置帛匣

一十二訓導車錡置

附學田初學無田明隆慶年間邑人始以田入學

明隆慶三年遷學邑人吳道揆皆建仍八所買吳姓八七都桃坑田計鄉租肆百陸拾壹把即捌拾叁碩叁斗稅叁拾陸畝叁厘壹毫零逦年輸糧外納貯剩銀肆兩陸錢叁分於縣庫以備修葺一處下壟捌拾陸把　一門下秧地及魚塘共壹拾把　一前洋兒壹拾柒把　一毛桃坳滑面叁拾陸把　一八畝頭壹拾壹把　一炭山陸拾把　一南龍壹拾柒把　一毛桃坳貳拾捌把　一茶園上分叁拾壹把　一岩頭倉基及塘兒共肆把　一水碓內合洋壹把　一熙垃陸拾貳把　一濟

面段內合壹拾貳把　一三坑三十兒捌把　一
三遐兒陸把　一三坑屋後伍把　一排兒新田
合貳把　一茶園下分叁拾壹把　一嶺根磐貳
拾把　一廟前壹拾把　一庵嶺尾叁把　一墓
塆貳把　一水碓內合壹把
明隆慶四年邑人吴安慶入所買寺田貳拾捌頭
叁斗巳田捌石壹斗五升俱屬九都陳龍溪計租
[redacted]拾[redacted]畝[redacted]分通年輸納外貯納本學銀貳兩貳
錢柒厘五毫供月課茶餅等費立册記查　一門
前埠頭二坵立斗　一中坂郎門前六坵玖斗
一處下門前秧地七坵叁石五斗　一塘園桑
坵倉基及糞房四坵壹石貳斗　一山塢郎門前
上半壹拾九坵壹石捌斗　一半溪亭九坵貳碩
五斗　一處下田一坵壹石　一半山岡十四坵
壹石叁斗　一楓樹後郎雙溪口五坵五斗五升
門林下郎黄泥坵三坵壹石　一門前竹林
下九坵柒斗五升　一門前礱內二十一坵壹石
肆斗　一雙溪口龍井坑二坵貳斗　一沙塘內

四坵共頭共斗　一半溪柴舖一十　一坵壹石叁
子一攞子坑中半分五坵貳斗　一陂後嶺三
坵共斗　一若洋坑七坵貳石　一雙溪口一金家門前即
黄泥坵　一坵陸斗五升　一雙溪口入坵五斗五
升一雙溪口即門前三坵五斗　一高漈十四
坵五斗　一田邊十六坵壹石五斗　一油皂樹
下八坵貳石貳斗　一雙溪口柒坵壹斗　一金
錢洋嶺十坵壹石柒斗　一柴舖十坵壹石貳斗
一徐岡底二坵壹石貳斗　一下岱塢二坵五
斗　一石臼岱坳四坵捌斗伍升　一月坳九坵
六斗　一月坳九坵肆斗　一田邊七坵伍斗
一點膠共十三坵壹頓
□萬曆五年邑人周時晃入所買十一都三□塊
□寺田貳百貳拾壹石陸斗除先年山崩荒蕪外
實租貳百貳拾柒碩陸斗撥壹頃捌畝叁分致亟
□背竹口公館爲本學濟貧月課等費中請夫給
一師姑壋即處後山叁碩　一中心爲貳石伍
十　一坳山叁碩伍斗　一高山前肆石　一高

低崗玖石柒斗　一降弓灣壹石五斗　一高畬
礱伍碩　一勾稲泉碩　一茭塘肆石　一高山
際伍斗　一鄭基岡貳石　一高坂礁卽烏木畬
肆碩玖斗　一高山突壹石　一高山拾壹石
一麻竹塢叁碩　一高山貳石　一半塢叁碩
一東心塢肆石伍斗　一烏木畬肆石五斗　一
處隨貳石　一高山下貳碩伍斗　一凹下貳石
伍斗　一凹岡叁碩　一東庄伍碩伍斗　一十五
墾伍石伍斗　一高山叁碩　一高際卽壇腰壹
石伍斗　一坳坵叁碩　一東庄伍碩　一中心
塢伍石伍斗　一新嶺頭壹石　一畬畲彎壹石
一十五蕨陸石伍斗　一高坑臺石　一高坑
陸石　一坑長貳石　一麻川塢叁碩　一勾稲
柒石　一勾稲下卽高畬龍陸碩　一麻昌塢肆
石　一師姑塢壹石伍斗　一壇徹伍石伍斗
一麻鴆叁石　一麻亭塢坤貳石伍斗　一麻萬
塢尾坳貳石　一鄭塢岡壹石伍斗　一壇頭嶺
處前壹石伍斗　一東心塢貳石　一高山嶺塞

□斗　一高山隙下壹石　一□□□□□□　一□
一有坂兒貳石　一麻竹塢壟石伍斗　一
樹□渠石　一處前渠斗　一燒香岡肆碩　一
條隨岡叁石　一鵝鳥嶺伍斗　一下庄叁石伍
斗　一東庄後伍碩　一李七塢伍碩　一處陸
叁碩伍斗　一苦枝樹壹石　一處前壹石　一
東庄郎坳後
伍石伍斗
明萬曆三十六年邑人王繼濬入所買吳寶上祭
民田叁拾渠石稅壹拾伍畝零遞年除輸糧外從
入本學以備修葺　一横魚低二段壹拾陸石　一
一横塢口壹石伍斗　一神樹下壹石伍斗　一葉
麻車塢壹石伍斗　一梅樹口貳石伍斗　一
塢炭增壹石伍斗　一葉塢横蓆伍石　一鶴上
炭石五斗　一橋頭貳石五斗　一歸坂
一瓦窰坵貳石伍斗

社學四

慶元縣志　卷之二

一桂香社學 縣東上倉知縣勞銘桑率邑人吳鍾捐建未竣續知縣沈維龍命工完之明萬歷二十七年邑人[illegible]在重建址存

一儒教社學 縣東隅明嘉靖年間邑人葉儲以己地捐建[illegible]於寇燬[illegible]之今廢

一興賢社學 縣西太平橋東久廢

一濟川社學 下[illegible]萬歷元年里人吳[illegible]捐資建址存

一神道社學 九都竹口久廢

一葉氏家塾 [illegible]萬百歲[illegible]明廢

一周氏家塾 周敦大門內

一源書院 在西隅興賢坊舊祠館龍額發廢明知縣沈維龍以地併洋寨為最出合義田吳[illegible]醫理額日翰[illegible]森久廢[illegible]明萬歷五年知縣沈維龍撥[illegible]貢田昔學址[illegible]田址為演武場遂定為營三十一年知縣[illegible]立教諭偉元門外角門嶺田前後臨溪地[illegible]

門背田爲演武場立射圃於右士子習射稱便廿一
六年學道□□金詳發藏議十四年知縣□爲芝□安
建演武場于啟聖祠下將建射圃於演武
場東以角門田仍闢墾入太平興爲祭田
鄉約所　明萬曆年間知縣□建□□龍以石龍坊院縣署
爲火入廟移西陳□□□夫人廟東隅爲信
即廟二都周撥古撥廟□□西建□堂爲之仍立文
公神主朔望讀法諭民
康熙十一年十月內奉旨頒給
上諭內載敦孝弟篤宗族和鄉黨重農桑尚節儉隆
學校黜異端講律法明禮讓務本業訓子弟息誣告
誡窩逃完錢糧聯保甲解讐忿□□壹拾陸條綱要
目張誠化民善政知縣程繼伊訓導戚光朝一遵
意□講政紀畧□□於邑諸生中擇聲音洪亮者每
月朔日集官師紳士人民諸儒學明倫堂逐一講解
猶恐僻壤編氓耳目未及復令書役按影數百冊遍
給村落俾家諭
户曉咸沾德化

社稷壇縣北石龍山下舊在縣西薔山下明洪武十四年知縣董大本改建于此二十一年頒制壇式東西三丈五尺南北如之高三尺四寸東西前出陛三級壇下前壹於五丈[illegible]西南各五丈瘞坎在下西北以垣築之由北門入[illegible]以石於爲主長二尺五寸方一尺一寸剡其頂形如鐘埋壇上正中近南上露員尖餘悉埋上中神牌以木爲之高二尺二寸闊四寸五分厚九寸五分趺座高四寸五分闊八寸五分右曰縣社之神左曰縣稷之神祭畢藏神主於城隍廟祭期詳見祠祀志

神廚三間

神庫三間

致齋所三間

門一座三間知縣勞銘變建址存

山川風雲雷雨壇縣治南集善堂側元以風雲雷雨附於社稷壇明洪武初定制立山川壇於城之西北立風雲雷雨壇於城之西南用驚蟄日告祀六年制式以山川風雲雷雨合祭十四年又頒禮制以本縣城隍合祭知縣董大本改建今址壇式高二尺五寸方闊二丈五尺四圍俱十丈[illegible][illegible]

社陛首陛五尺餘然級燎壇在東南神主以赤為地中曰風雲雷雨之神左曰慶元縣境内山川之神右曰本縣城隍之神一座三間知縣祭器物見禮祀志門勞路癸建址存

邑厲壇 舊在東門外城隍廟側明洪武三年知縣韋立壇於城北十四年知縣董大本建於北壇座頒制式廣一丈五尺高二尺前陛三級餘無陛繚以墻垣祭日迎城隍神主於壇上設二神牌於壇下左右題曰無祀鬼神祭日架木為屋祭畢撤之祭物見禮祀志

城隍廟 豊山門外儒學右明洪武十四年知縣董大本建萬歷三年知縣沈繼龍重脩　皇清康熙元年知縣高嵘改建縱横較前各倍八尺高倍之又翼以兩廊各六楹中為儀門者三大門如之繚以屏墻後捐俸買大坂洋大租壹百把給僧恒明收租永奉香燈

舖舍七總舖在縣前 舊在縣西明洪武十四年知縣董大本建於縣東隆慶三年知

縣朱芾以總鋪址建爲儒學將縣東申明旌善亭址改造總鋪由雲龍門外遷龍

着六金村鋪五都去縣北一十里水南鋪八都去縣北二十里黄荊鋪

去縣北三十里梓亭鋪九都去縣北四十里大澤鋪十二都去縣北五十里

鋪十二都去縣北六十里縣前井縣治東大街冬夏汲之不竭色清味甘明天順間縣丞梁

泰鑿嘉靖間居民甃石康熙十年知縣程維伊捐俸率民重脩大街井縣治前大冬暖夏凉

旱不涸民間小井不登載東溪赤岩三井西澤嶺後三井明靖

年禱雨於此三日不雨人以石投井行不数武雨雹如注山木盡拔百丈十三井百山

其水清冽常湧雲氣隱匕有龍潛于其中石印三井已上二十二井通志載此多應

坊表

狀元坊 舊在□□□□嘉靖二十一年知縣程紹明卜建縣治東宋大觀庚辰科狀元劉□新宣崇禎十五年知縣楊芝瑞重建康熙二年知縣高嶠重脩

尚書坊 縣治西明知縣程紹□建宋□□六甲子升陳嘉猷立知縣楊芝瑞重十康熙二年知縣高嶠捐俸重建

迎恩坊 縣北□知縣□芝瑞重脩

承流坊 宣化坊 俱縣北布政分司前並□

八行坊 縣南□宋設□十辰科吳彥壬立久廢

擢秀坊 縣治西□坊巷口為明永樂□子科□人葉□立隆慶二年□□祠重建頃始□年范燉址存

應宿坊 縣治北門知縣□□立□建坊縣知縣□□立□

百歲坊 縣北門外為壽官葉仲祿立坟址存

貞節坊 縣治□為□處妻在民立□

義民坊 縣北門外明正統七年為葉仲儀立今廢

貞肅坊 旬宣坊 俱縣治□館前今廢□

俊流芳坊 □力守在嘉靖四十三年置縣事西□□仙建所行貢处氏隆慶二年為洪□□□

絃歌坊縣西
厲民坊社稷壇前今廢
貞節坊縣北門橋首洪武庚辰年[illegible]胡叔儀為處州府正戶宗德善妻吳氏立
肅政坊
澄清坊按察分司[illegible]
[illegible]坊上僉景星官前
備教坊縣東安定橋
宅相坊縣東門[illegible]首[illegible]
坊韓日門前舊名遺愛坊元至大二年建
仰聖坊
希賢坊舊學[illegible]上[illegible]
登先坊縣西水門為明正統辛酉科舉人鄭熊立隆慶二年火
皇[illegible]得意坊[illegible]風橋首為明萬曆壬[illegible]科舉人姚文楊立
[illegible]龍坊東關善濟橋上首皇清順治丁酉科[illegible]大中式舉人[illegible]上選立
崇儒坊大[illegible]以鄉[illegible]舊因名
雙桂坊大濟[illegible]為天聖甲[illegible][illegible]吳[illegible]景祐甲戌[illegible][illegible]敦光榮立
桂香坊大濟為宋政和壬辰科吳越吳達立
大[illegible][illegible]入[illegible]宋皇祐元年為[illegible][illegible][illegible]殷[illegible][illegible][illegible]
[illegible]天府坊大濟為明[illegible]科舉人

紫崇禎年間修見[illegible]大濟[illegible]爲立而爲立
旅近房重修

詔[illegible]坊 生吳化吳崇氏立上[illegible]

臚坊 大齊明萬曆間爲詔
封迪功郎吳儒立

翀霄坊 九都竹口爲宋[illegible]
書蔡嘉猷立址存

敦嶸坊 爲明永樂癸卯
科舉人吳源立

繼賢坊 爲明成化辛卯舉人吳[illegible]
吳磐立俱七都吳[illegible]

恩榮坊 周墩明正統七年爲義民周公泰立嘉靖[illegible]
四十一年燬于寇隆慶四年孫周龍重建[illegible]

[illegible]德坊 四都吳侍
郎紋妻立

耆德坊 四都處
遊里燦

登科坊 三都爲明[illegible]
樂吳宇科[illegible]

人吳仲賢
立址存

義民坊 六都芸[illegible]明正統
七年爲吳彥恭立

登雲坊 六都[illegible]
明永[illegible]

民子科舉人
[illegible]旌立並廢

亭

大觀亭 郎大觀亭明嘉靖間知縣程紹顯建二百[illegible]
濟鄉石[illegible]上尋毀崇禎間知縣楊芝[illegible]攻[illegible]

□城北迎恩門東明永樂□□

接官亭

舊知縣羅仕勉建今廢

松源驛亭

石龍山腰明知縣樊[illegible]

□知縣程紹聞建

問潭亭

□改造小涼亭

江右衆人湯開達詩[illegible]

□之□何當□千里登臨亦快哉天外[illegible]

□同運月沖□杯山靈表借青霄色地主君留白雲

□日暮高臺興徒高何妨□送野鷹來 邑人吳[illegible]

詩秋高爽□氣清岩居送菊何辭醉復醒雲際鐘聲[illegible]

宗寺月中山色翠微亭繞林飛鳥誰時定深[illegible]

不忍聽偶□論儒還自問一瓢且讀蓮珠經[illegible]

蒼天濤詩山門仰首觀滌定鸞鳶何年駐草亭[illegible]

花開頃刻落安陽人醉我詩醒白雲詩句留[illegible]

烏□音望窮宴對酒長歌

冷水亭

八都去縣北三十[illegible]

新識留凡□□作王簫韓 呈 邑人吳[illegible]

詩曲潤亭間□少微林間返照弄晴□□聲[illegible]

狀起雨色□□□□飛泉望來紅□送水[illegible]

武侯衣分□□□知何

迎春亭

後□□定[illegible]

盡□許□□一□□ 八□□亭詩[illegible]

稼𫓧復春蒯介王燬此方新亭㢢獨卯蹷霤意帝見東皇布德辰

褒封亭 萬曆四十一年爲蔡自立任天津右衛經歷司經歷九載考績褒封其父愛軒建順治十七年毀康熙五年邑人姚鐸捐貲重建夏月爨茶以爲行人遊息邑人吳抱素詩奚節歇藜晉邑侵晢留亭畔息層陰襃封人去今何在茶葉儀者漬潙也

魏溪亭 去縣北五里邑人葉靜然詩一泒溪光瀲灩亭臨曲澗挖岩阿青山綠水千年韻側耳猶聞隔岸歌

横礄亭 去縣北十五里

淘水亭 八都邑人吳履亨詩瀾瀲迴清注百川浪風翀綠蕩輕煙凴櫩少憩渾忘倦閑數浮鷗戲水前

明砮亭 萊蘭山頂邑人周渡津詩絕𪩘危亭走野貍芒鞋踏破批山嵎披蕀欲坐誰同調掠垃風來一影孤

狀石亭

大澤亭 大澤灑亭 俱九都

烏石亭 西山頂邑人吳垣詩振衣絕頂衆山低俯視煙村雲影迷石磴盤迴發折上淸風徐引任東西

西山亭 三都邑人吳樹聲詩西

山岸嵂繡芳赤韓眼溪光入望新亭上白雲淡掃盡常留斜日照遊人

浮望亭　六都

百武亭　去縣南一里

懋雲亭　大濟　邑人吳[illegible]詩微茫山徑迨岩扃林木陰森景色青閑坐出中誰作伴流雲片片擁孤亭

翠微亭　大濟　邑人吳敬中詩大地春回緑正肥青山環拱映郵驛當前秀色留人戀不讓江頭坐翠微

來鶴亭　大濟　邑人吳崇仁詩亭高鳥外白雲飛岐路迢迢漸漸微跨鸞僊人何處去至今猶望鶴來歸

泒石亭　三都　邑人周之冉詩誰將鬼斧勞層巒路石翻翻幾道難咫尺微聞天上語雲封亭北引霞飡

勸農亭　豊山門外大坂洋　邑人葉充祿詩大有何能歲歲書[illegible]緣東作登耕耤亭前似得幽風意勸相循疑見古勸

風雩亭　後田石阜前　邑人吳煌詩習習和風自可人迷離曲徑孰知津水[illegible][illegible]隱花千樹柳際雲開月一輪

山澗亭　下當[illegible]猶集賢亭　縣北　邑人吳德深建併[illegible]在路自邑建收和

濟源亭

[illegible]上洋亭 三[illegible]
[illegible]來投 八角亭 [illegible]
[illegible]人[illegible]
[illegible] 白雲亭 [illegible] 清泉亭 [illegible]
[illegible]亭 聽麓亭 [illegible]
[illegible]

閣

補天閣 城北鼇峰上明崇禎十五年知縣楊[illegible]有記見藝文 [illegible]周之德九日登[illegible]

清霄雨散應重陽一秩尋芳來茱黃菊[illegible]山[illegible]

[illegible]雙[illegible]看[illegible]水中央[illegible]閣鳥雁傳鄉縣愁見客莫[illegible]

容養地日登臨懷抱補天閣下知縣楊芝之[illegible]

若[illegible]決舊家家 小[illegible]旋 知縣程維伊詩[illegible]

流纔塵趨□□天下□□論草茅勝地述人誌汚□
輕雲扶鶴喚滄桑蟹蘇皆宜插塵身倚龍宫漫□
龍不信紅塵有俗吏寄書兆龍與相喇 邑人吳子
泰詩發勝臨流步花踏凌虹橋畔數金魚禁籠于百
怨藝起作奇氏 中閣 二鄰坑發徐中崇禎十四年知
井霖壽地錫 縣楊芝瑞建順治八年棠邑人
吳娇昌詩綻爛蕭頌漆春總咽石奔雷滿 文昌閣 大
緑崢幾見環成臺發壞于今誰作砥中流 濟
水白鶴臺三十六年里人吳儀尚建剛後文風不振
人材蔚起順治十八年合里人士感其德附祀閣中
知縣陳璧有詩文另靈彔自天開八角星輝照廣來
幾點殘霞彩花中一灣河畔接中台鹿鳴清漢隨風
講吉剩錄發夜永短倜莫洛客崇樁遠路旋應有濟
川才 星人吳儀詩萬山詸錄疑翠開閣外蒙濃樁
壑來掃禮樓接收片月八角寶色近天台擇實於七
霧潛詩花然訓七疑無題自畫鑒臨匯嘯咏何人可
義併良才 蘭江徐醞亨詩綺閣凌空望眼開千文
平影拂窗來南大象筆由中塵禾茫荒茫遙上台雲

上梁流經雨漲篷上栟色逐春迴發高檻華燈儼今
共夔虞思入斗才 邑人吳貞明詩傑閣齊鬱花色
閣彩河倒影入杯來郎看武庫連東壁誼似文星切
上台勝侶漫誇金谷集良遊肯愛昔池迴片雲忽漲
催詩雨點筆猶慙七步才 邑人季時芳九日詩閣
積秋影碧山喉藕眼黃花爲我開二十餘年頻入夢
入旬攜杖更登臺陵雲劍氣從南吐射斗文光

觀音閣 豐山門外順治五年毀址存

大士閣 石龍山中明天啓四年知縣樊鑑建 西湖王功詩

自北來後會還期須盡醉莫教冷落孟嘉杯

閣外香峯湧生開龍門曲徑轉縈紆登高投筆才俱
俊覽勝飛觴興不孤自昔齊名推李杜于今誼契責
蘭朱郎看避暑傳河朔把臂何妨逐酒徒 邑人周
璽明詩高閣倚丹梯聳林路不迷雲屏開列嶂雲浸
湧迴溪岩屋苔痕古捦樹鳥語低終朝環生靄日色漸沉西

文昌閣 衆溪梅花嶺碑康熙元三吳如公倡建

旁莫莊[illegible]堂[illegible]右處是三都湖[illegible]莊[illegible]宅[illegible]中起丁
[illegible]莫莊三[illegible]堂前[illegible]水碧崖三摺後建樓一所上
謝[illegible]督[illegible]下爲[illegible]並於[illegible]每月朔望[illegible]邑[illegible]
于貢[illegible]藝于其中臺于[illegible]卅與試講學不倦知明[illegible]
先生[illegible]事從念慶上[illegible]斧雛[illegible]往升多有不[illegible]
入關[illegible]捐[illegible]歸貴闢後日街尾[illegible]閣一所[illegible]壹[illegible]
藏分天貫吳學陸東門外人坂洋亭兒下大[illegible]
祀文[illegible]祠洋山口六叁拾把計[illegible]畝叁分[illegible]
[illegible]長[illegible]看[illegible]谷莊於[illegible]文[illegible]元[illegible]塔[illegible]逆[illegible]過[illegible]
[illegible]積[illegible]二[illegible]輪文上[illegible]外[illegible]費[illegible]人[illegible]
[illegible]人士感[illegible]城比望[illegible]試路九[illegible]
[illegible]不[illegible]云吳莊羅[illegible]康[illegible]
奭與倫頭大租肆拾把來[illegible]利[illegible]大貫業[illegible]
[illegible]下大租貳拾把[illegible]大租貳拾把[illegible]
人租[illegible]山門[illegible]地[illegible]把[illegible]墓亭[illegible]大[illegible]
[illegible]把[illegible]後人[illegible]壹拾把[illegible]畝[illegible]大[illegible]租[illegible]把[illegible]
[illegible]大[illegible]拾[illegible]共計[illegible]大[illegible]把計[illegible]
[illegible]牢[illegible]收[illegible]除[illegible]外[illegible]有[illegible]除[illegible]

民生作背試會試資斧尚人均分一如育英莊例

望京臺　縣治後東北城上嘉靖間知縣陳澤建萬曆五年知縣沈維藩修邑人李海詩曾臺百尺餘候煖萬衣初幽思詩陶寫閑愁酒破除花迷春雨畫桁帶叢煙疎獨受錦山色藉匕入紫虛

文明塔　舉溪梅花嶺巔康熙元年吳如公倡建塔下環栽梅桁檣映閣飛別一洞天

養濟院　又名存卹縣北石龍寺左明崇禎十六年知縣陰佑宗重建舊址在縣治東關上倉嘉靖間知縣陳澤買價築城改建此

漏澤園六　一在社稷壇右萬曆元年知縣勞銘建一在濟川門外大濟嶺里人吳倴葉仞芳共捨有石碑爲記一在豐山門外光面山尾窐上育里人葉琹捨一在薰華門外尾窐山一在安定橋上官陂頭里人葉京捨一在四都鐵山廟里人葉銘捨

慶元縣志卷之三

慶元縣知縣程維伊纂輯

食貨志

户口　地畝　税額　起運　存留　物産

拜版而登先王敬乎人數與地以蕃周禮重其民二况賦税盈虚動關司農之會計而土物産聚焉非貢之維供志食貨

户口

户口人丁陸千肆百伍拾柒丁口伍分

地畝

田壹千壹百貳拾叁頃伍拾玖畝肆分柒釐玖毫

皇清康熙三年奉
旨令業人自行丈量縣官履畝復丈務使因田定稅因稅定賦其法甚善但慮磽瘠高山田地墓有[illegible]衍者什之一崇稜者什之九且土盡磽确[illegible]明隆慶年間丈量舊例區分坵叢錯雜[illegible]六[illegible]坵曰類稅壹畝歲收米不上柒斗或五斗[illegible]坵名雖同肥瘠互異每以收穀之多寡折稅之[illegible]輕附郭坵田以貳百肆拾步起實稅官畝[illegible]曰[illegible]百肆[illegible]額稅壹[illegible]則實稅[illegible]分[illegible]郊坵[illegible]貳百肆拾步[illegible]實稅補分[illegible]肆拾步折[illegible]則實稅柒分[illegible]則實稅照分耕田貳百肆拾步[illegible]則實稅[illegible]坵田貳百肆拾步折[illegible]則實稅[illegible]分[illegible]拾步折畝則實稅叁分[illegible]六則[illegible]都鄉之肥瘠遞降[illegible]

□□祭舊例詳請各憲批允將裴隆慶年當六□
額丈在案康熙肆年魚鱗冊成原額無餘增□□
司試稅不虧歸令
□冊難稽可考云

地伍頃貳拾叁畝柒分伍釐陸毫

山貳百頃陸畝伍分

塘壹頃壹拾柒畝伍分玖釐捌毫

稅額

戶口人丁每口科銀捌分玖釐伍毫陸□□□□

人米丁口伍分該銀伍百柒拾柒兩玖錢肆分□

□貳毫伍絲

田壹千壹百貳拾叁頃伍拾玖畝肆分柒釐玖毫

皇清康熙三年奉

旨令業人自行丈量縣官履畝復丈務使因田定糧因稅定賦其法甚善但處處高山田地墓有平衍者什之一崇稜者什之九且土盡磽瘠[illegible]明隆慶年間丈量舊例區分坵段墑梯稅畝六等坵曰類稅壹畝歲收米不上參升或五升[illegible]坵名雖同肥瘠互異每以收穫之多寡折稅之重輕附新其田以貳百肆拾步起實稅官畝舊曰[illegible]百肆必按其額稅壹[illegible]則實稅叚分[illegible]叁斜坵每貳百肆拾步[illegible]則實稅積分釐因六[illegible]肆拾步折磬則實稅柒分鵝因柔百畢拾步折[illegible]則實稅陸分捌田貳百肆拾步折則實稅伍分捌田貳百肆拾步折則實稅[illegible]分畝田[illegible]拾步折畝則實稅叁分[illegible]此六則穀地[illegible]都鄙之肥瘠遞降云稅亦[illegible]鄉都上下[illegible]悉寺坊[illegible]文信[illegible]

[illegible]舊例詳請各憲批允於乾隆[illegible]年[illegible]

嚴丈在案康熙肆年魚鱗冊成原額無餘[illegible]

司或疑不敷嗣今

鱗冊班班可考云

地伍頃貳拾叁畝柒分伍釐陸毫

山貳百頃陸畝伍分

塘壹頃壹拾柒畝伍分玖釐捌毫

稅額

戶口人丁每口科銀捌分玖釐伍毫陸[illegible]

米丁口伍分該銀伍百柒拾柒兩玖錢肆分[illegible]

又貳毫伍絲

田每畝奉賦役全書徵本色糧壹合柒勺捌抄壹撮合折色銀捌分陸厘陸毫伍絲壹千壹百貳拾叁頃伍拾玖畝肆分柒釐玖毫共米貳百石壹斗壹升貳合貳勺叁抄貳撮玖粟玖粒共該折色銀玖千柒百叁拾伍兩玖錢肆分捌厘捌毫伍絲伍忽叁微伍塵

地奉賦役全書每畝徵折色銀捌分伍頃貳拾叁畝柒分伍厘陸毫共該銀肆拾壹兩玖錢肆毫捌絲

塘奉賦役全書每畝徵折色銀壹厘叁毫貳百
陸畝伍分共該銀貳拾陸兩捌厘肆毫伍絲
塘奉賦役全書每畝徵折色銀柒分叁厘貳毫共
該銀捌兩陸錢捌厘壹毫柒絲叁忽陸微
以上人丁田地山塘共徵折色銀壹萬叁百玖
拾兩肆錢壹分貳厘貳毫捌忽玖微伍塵內除
紳衿止免本身壹丁優免銀壹拾叁兩叁錢叁
分伍釐伍毫外實徵銀壹萬叁百柒拾柒兩柒
分陸厘柒毫捌忽玖微伍塵

起運

戶部項下本色及路費銀柒拾兩叁錢伍分柒釐壹絲伍忽伍微　折色及路費銀壹千玖百貳拾壹兩陸分肆釐壹毫柒絲叁忽捌微叁塵伍渺貳漠肆埃叁纖貳沙

禮部光祿寺項下本色及路費銀貳兩伍錢貳毫壹絲　折色及路費銀捌拾壹兩貳錢玖分柒釐貳毫肆絲捌忽

工部項下折色及路費銀捌百壹拾兩柒錢陸分肆

叁肆毫捌絲柒微玖塵壹渺

舊編存留項下內裁改解

部及路費銀壹千肆百陸拾柒兩柒厘捌毫柒絲伍忽叁微陸塵壹漠伍埃陸纖捌沙

本省額編兵餉銀叁千肆百叁拾兩玖錢壹厘陸絲叁忽壹微貳塵　米共貳百碩壹斗壹升貳合貳勺叁抄貳撮玖粟玖粒內積餘充餉米壹斗壹升貳合貳勺叁抄貳撮玖粟玖粒每石易銀壹兩充餉外實徵月糧米貳百碩

解司共銀壹百陸拾兩玖錢壹分捌毫陸絲伍忽

隨漕項下銀陸百柒拾玖兩柒錢陸分陸釐陸毫伍
絲壹忽玖微伍塵貳渺陸漠
兵部項下銀貳百貳拾玖兩肆錢肆分叁釐貳毫肆
絲肆忽肆微玖塵

存留

府縣共銀壹千伍百貳拾叁兩壹錢捌分柒釐壹毫
壹絲叁忽內

進表銀貳兩柒分陸釐伍毫　本縣曾儀香燭銀肆錢捌分　官役奉食心紅等項內知縣俸銀肆拾伍兩　心紅銀貳拾兩　門子貳名共銀壹拾貳兩　皂隸壹拾陸名共銀玖拾陸兩　馬快捌名共銀壹百叁拾肆兩肆錢　民壯伍拾名共銀參百兩　燈夫肆名二

□貳拾陸兩　禁卒捌名共銀肆拾捌兩　□□
倉監銀貳拾兩　轎傘扇夫柒名共銀肆拾□兩□
庫子肆名共銀貳拾肆兩　斗級肆名共銀□
拾肆兩　典史俸銀叁拾壹兩伍錢貳分　門□
馬夫陸名共銀叁拾陸兩　儒學訓導俸□叁□
壹兩伍錢貳分　齋夫陸名共銀柒拾貳兩　膳□
夫捌名共銀肆拾兩　門子貳名共銀□拾肆兩
肆錢　喂馬草料銀壹拾貳兩□□　祭祀賓興內本
祭祀銀壹百貳拾柒兩伍錢捌分　之□□□
銀壹兩壹錢　迎春銀肆兩　鄉飲□□銀壹兩
季考銀捌兩伍錢　本府歲貢花紅□□銀□
兩叁錢貳分　□鳳銀壹兩伍錢　□進士□內新官
到任祭門銀壹兩伍錢捌分　□□□□□□□
□等銀叁兩叁錢陸分　府縣□□銀叁分□兩
看司門子叁名共銀陸兩　鋪□□工食共銀□
拾陸兩　轎夫共□□銀拾□兩　□□子年調名共銀
貳拾兩　修城民□料銀安□□□錢糧以致□□
毫　修理城垣□壹拾兩　修理府縣什物張設

錢　存縣支用銀貳拾柒兩玖錢柒釐捌毫捌絲
柒忽　皇上日口糧銀叁拾陸兩　二三年一體內
本縣歲貢花紅路費叁拾肆兩□錢　布縣應朋
祭門等項壹兩壹錢叁分叁□□毫　滙解緊
人銀□□送會試舉人路費銀壹兩壹錢柒
分陸釐柒毫一絲　起送科舉生員銀壹拾叁兩
柒錢□分
陸絲陸忽
以上起運　　今奉
旨裁節户部　　題定賦裁扣等各項銀肆千叁百壹
拾貳兩柒分　　全年壹絲玖忽陸微貳塵玖渺
柒漠伍埃陸纖　　沙　鋪墊路費銀肆拾兩玖錢
壹毫捌絲叁忽捌微伍塵陸渺陸漠肆埃叁

織貳沙　存留本省兵餉銀叁千肆百叁拾兩壹
錢壹釐陸絲叁忽壹微貳塵　存留禁支銀貳千
伍百玖拾叁兩叁錢柒分捌毫柒絲肆忽肆微肆
塵貳瀓陸漠　存留月糧米貳百碩
遇閏加銀貳百玖拾兩肆錢捌分貳釐伍毫貳絲
肆忽貳微肆塵肆渺陸漠貳埃捌纖肆沙

起運

戶部項下折色及路費銀貳兩伍錢壹分叁釐叁毫
陸絲玖忽肆微壹塵玖渺陸漠貳埃捌纖肆沙

工部項下折色匠役及路費銀貳錢玖分柒厘[illegible]
肆絲伍忽
舊編存留項內裁改解
部銀叁拾玖兩叁錢玖分柒厘玖毫捌絲伍忽
奉省頒編兵餉銀壹百叁拾貳兩玖錢叁分叁厘[illegible]
毫壹絲伍忽陸微貳塵伍渺
解工匠日銀玖分柒厘貳毫陸絲陸忽
行月糧銀五拾壹兩玖分壹毫
兵部項下雇夫銀伍兩捌錢叁分叁釐叁毫叁絲

存留

縣各項雜支銀玖拾捌兩叁錢壹分玖厘柒毫壹絲伍忽内

本縣俸銀叁兩柒錢肆分玖厘玖毫 門子□名銀貳兩 皂隸壹拾陸名銀捌兩 馬快□名銀壹拾壹兩貳錢 民壯伍拾名銀貳□拾伍兩 燈夫肆名銀貳兩 禁卒捌名銀肆兩 □傘扇夫柒名銀叁兩伍錢 庫子肆名銀貳兩 斗級肆名銀貳兩 典史俸銀貳兩□錢壹分□厘陸毫 門皂馬夫陸名銀叁兩陸錢 訓導俸銀貳兩陸錢貳分陸厘陸毫 齋夫陸名銀拾捌 膳夫捌名銀叁兩叁錢叁分叁厘叁毫 門子貳名銀壹兩貳錢 府縣鹽捕銀叁兩 □司子叁名銀肆錢玖分玖厘玖毫玖絲 備兵銀□兩貳錢伍分 轎夫銀叁兩陸錢陸分陸厘陸毫陸絲 弓兵銀壹兩陸錢陸分陸厘陸毫陸絲伍忽

遇閏加運丁月糧米壹拾伍碩捌斗肆升叁合

一額外匠班銀柒兩玖錢柒分貳釐又當稅牙稅雜稅等銀雖無定額不載仍年終將收過數目造報查核

物產

惟穀有稻黍稷麥菽芝麻之類

惟菜有苦蕒絲瓜蔓蔗笋芋刀豆之類

惟花有牡丹芍藥芙蓉月桂蘭花茉莉珠蘭瞿粟玉綉毬剪春羅之類

惟菓有柰松杭李梨橘枇杷梅杏櫻桃之類

惟藥有茯苓厚朴槐角苦參荆芥黄梔金銀花金星草之類

惟木有梧桐楊椰松楠杉樟[illegible]椿冬青之類

惟竹有雷猪石筀紫斑水苦[illegible]方觔慈鳳尾之類

惟羽有鵝雉鴈鳩鷄鶴雀鷹竹鷄錦鷄之類

惟毛有麂野猪獐猫獏猪竹鼺恒鼠之類

惟鱗有鯉鯽鰱鱖鯿石斑鰍鱤之類

惟介有鱉蚌螺蟹穿山甲之類

桂貨有學桐油茶油靛蜜香蕈青礬器之類

慶元縣知縣程維伊纂輯

知縣 縣丞 主簿 典史

官師志 教諭 訓導

[illegible]出宰統馭黎庶而宣猷秉鐸樹型闡經術以敷教

[illegible]三之日碑可載去後之政績宜傳志官師

[illegible]

慶元三年建縣始

[illegible]嘉謨 巳入名宦有傳

[illegible] 于[illegible]

[illegible] 宗 大德八年[illegible]

[illegible]

[illegible]義 正德元年任

[illegible]

[illegible]洪武十四[illegible]

[illegible]在[illegible]傳

[illegible]洪武十八年任

[illegible]六年[illegible]

[illegible]洪武二十[illegible]

[illegible]洪武二年任

[illegible]七年[illegible]

[illegible]洪武三年任

何文傳 一[illegible]

[illegible]洪武元年[illegible]

[illegible]仕龍[illegible]

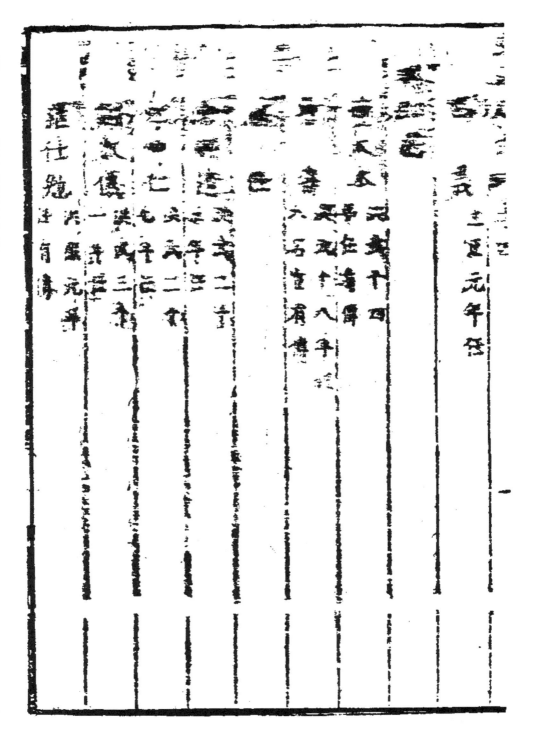

程義和

張朝 莆田人

張宣 監生青神人景泰四年任有傳

張明 金臺人

趙貞

鄭星 正統年間任

余康 進士莆田人成化年間任

黄道

周杲 進士華亭人

沈鶴　華亭人

魏程　建昌人

何鰲　進士海德人正德十三年任推陞監察御史有傳

馮恳　泗州衛人

鄭應文　順德人

李惟貞　太倉州人正德七年任有傳

陸元　舉人臨川人

鄭舉　閩縣人

陳彌正　南昌人嘉靖十一年任有傳

陳　元　峽江人嘉靖十六年任有傳

程紹願　太湖人嘉靖十一年任

陳　潓　舉人南海人嘉靖二十四年任擢南直監察御史有傳

邢夢珂　高淳人嘉靖二十八年任

羅見麟　舉人番禺人嘉靖三十一年任

陳文静　舉人莆田人嘉靖三十三年任

馬汝徯　舉人莆田人嘉靖三十九年任有傳

張應亮　舉人高淳人嘉靖四十二年任

彭　适　溧陽人隆慶元年任

朱萬　九江人隆慶二年任有傳
勞銘彝　懷寧人萬曆元年任有傳
沈維龍　舉人南安人萬曆三年任有傳
陳九功　舉人南昌人萬曆七年任有傳
史著勳　舉人桂林人萬曆九年任
黄文明　選貢懷寧人萬曆十二年任
詹秉龍　選貢泰寧人萬曆十四年任
周道長　選貢成都人萬曆十八年任有傳
鄧建邦　舉人全州人萬曆二十一年任有傳

李質 歲貢鄱陽人萬曆二十五年任有傳

熊懋官 舉人石城人萬曆二十八年任

沈立敬 舉人溧水人萬曆三十年任

張學書 選貢平樂人萬曆三十二年任有傳

陳鍾渭 舉人惠安人萬曆三十四年任

潘學孟 六安州人萬曆三十八年任

郭際美 舉人萬安人萬曆四十一年任

汪獻忠 舉人歙縣人萬曆四十五年任

馮大受 舉人華亭人萬曆四十八年任

癸鑑　歸州人天啓三年任有傳

王士烺　崇仁人天啓六年任

陳國璧　進江人崇禎三年任

趙壁　舉人太湖人崇禎六年任

楊芝瑞　舉人當塗人崇禎十三年任入名宦有傳

陰佐宗　舉人內江人崇禎十七年任

國朝知縣

李肇勳　舉人章丘人順治二年任

謝上登　南昌人順治三年任

鄭國位 延安人生員 順治七年任

石葦垣 舉人清苑人順 治十二年任

王之垣 歲貢絳縣人順治 十六年任有傳

禹嶸 選貢新鄭人順治 十七年任有傳

程維伊 舉人新水人 康熙三年任

縣丞

魏明德 洪武十四年任有傳

傅俊 貴池人

羅穠 吉水人

韓潚 江津人

吳舉 灌陽人

阮廷貴 永州人

周顯 高平人

傅恭

方希勝

王延相 吳縣人有傳

蘇相 南海人

周憲 餘干人

郭瑚 建平人

鄭紹銓 上杭人

劉正 嵩明人

徐辯 淛衢人

嚴谷 丹徒人　　何子貞 華亭人

陳楷 揚州人　　陳敷 弋陽人

馬璁 山東人　　[illegible]傳與 晉江人

范學顏 晉江人　　[illegible]默 [illegible]松人

隆慶元年此裁

元主簿

張廷瑞　　張榮

明主簿

劉茂 洪武年間任作[illegible]　　陳節

林顗　　　　王孟

潘蘭　　　　胡璽歙縣人

嘉靖七年此職裁

明典史

季彦魯　　　　胡逞

陳喬壽莆田人　　　　汪鰲寄城人

王懷當塗人　　　　許韶宜黃人

郭仙一仙遊人　　　　蕭印番禺人

詹漢弋陽人　　　　林薇貴溪人

余用 [illegible]人　林叔 莆田人

陳蘭秀 南昌人　熊泰 南昌人

魯朝傑 豐城人　楊世隆 當塗人

王棫 懷安人　陳子實 石埭人

孟迪 徐州人　黃仁先 臨川人

徐行道 豐城人　王國久 霍丘人

王寀 丹徒人　余一治 大田人

孫仁愛 石埭人　謝惟顒 信豐人

汪雲鳳 舒城人　陳紀 安遠人

王國才 樂平人　李忠遠 懷遠人

周光範 上饒人　張春芳 寧化人

舒啓英 婺源人　李廷芝 高安人

楊復聖 始興人　游士愷 當陽人

李用行 程鄉人　鄭繼先 南城人

沈世永 石埭人　方從廉 莆田人

國朝典史

羅賢臣　潛龍起 南昌人

張文璋 甯施人　侯正官 陝西人

胡應祥 太興人

李孔修 吉平人

明教諭

夏禮　張遠

宋觀　鄭師陳 莆田人有傳

謝文禮 晉江人　汪澄 懷安人

陳紫薇　邢獻 當塗人

孫繼祖 莆田人　翁一倫 晉江人

吳瑠 莆田人　朱陳 上元人

方樸 莆田人　謝應奎 湖口人

王國相 莆田人 [illegible]　薛廷寵 舉人惠安人

顧翼高 上海人　　毛存奎 歙縣人有傳

曾守瑄 清江人　　徐顯臣 舉人永康人

徐文 吳縣人　　謝承聘 於潛人

韓仕明 元化人　　吳逢堯 餘干人

張萃 舉人博羅人　　葉文懋 舉人龍游人

葉夢弼 都昌人　　楊開先 商河人

黃中理 德化人　　佘沛然 建德人

周淳 蕪湖人　　夏舜臣 建德人

高士選 舉人德清人　　胡若宏 舉人湖廣人

沈明時新城人　錢承憲杭州人

徐應亨舉人慈谿人有傳　徐鶴明海鹽人

胡寅賓湖州人　林永春泰順人

國朝教諭

朱化熙遼東人　駱起明舉人諸暨人有傳

張晉舉人餘姚人有傳

順治十七年裁

明訓導

楊璐高郵人　吳經順德人

王參 福安人　李文魁 古田人有傳
王奎　沈濟
林梓 海豐人　黄廉 南安人
吳騏 南平人　朱鎮 宜春人
李彪 餘干人　楊贇 南城人
劉廣珠 潮陽人　唐邦用 侯官人
李榦 兖州人　范維隆 大田人
林一桂 閩縣人　尤琢 無錫人
陳雲騰 大田人　吳從周 邵武人有傳

劉安 荊州人　方一梧 黄州人

余世貴 連江人　車錡 將樂人

周令 萬載人　龐熙 廣西人

胡鳳鳴 蒙縣人　謝子蕙 建德人

桃鳳儀 建德人　駱問學 諸暨人

徐應斗 蘭谿人　方應卿 吉安人

孫祉遠 豐縣人　侯綬 德清人

鄭重 西安人　賈應忠 清州人

鄭從悠 山東人　鄺用賓 [illegible]人

趙士蔚 貴州人

國朝訓導

葛光緒 寧海人

周之翰 新城人

周廷俊 諸暨人

[illegible][illegible]朝 金華縣人

慶元縣志卷之五

慶元縣知縣程維伊纂輯

治行志

陵谷雖遷不改桐鄉之祀星霜屢換長留峴山之碑功勒鼎鐘當年之父母無媿名香史册沒世之歌頌難忘欲補國書用彰邑乘志治行

宋令

富嘉謀襄惠寬仁清慎平簡慶元三年以松源鄉立縣受符蒞任始辟衙衢營公署立學校建壇壝不

朞年而就一切制度皆其創舉祀名宦

明知縣

董大本洪武十四年復立縣握符受事蒞縣治署立

首度草草將行郊野勞來安集省俗更風不朞月

而公署學宮次第修舉煥然改觀咸推其敬慎勤

安

昝壽濬忠愛民百廢俱興歲旱築堰陂以灌田民賴

縣饑時山寇石抹申掠縣執壽使降抗節不屈引

頸就刃遂遇害民哀悼之如喪考妣祀名宦

羅仕勉廉明果斷民有私採銀鑛者發覺錦衣百戶田福按縣拘捕肆貪良民悉受其害仕勉不避權勢奏聞寢其謀時稱能吏

張宣持已謹厚處事明決治縣九年訟息民安解組歸士民有去後之思

何鰲慎行敦節愛民禮士先是賦税無定式民病之乃平其税以二項爲一里彼此適均民無偏累輕刑緩賦革弊省費擢爲都察院副都御史

李維貞宅心仁恕愛民如子凡干以私者悉斥之時

旱步禱於蘘山之巓拜伏烈日中須臾大雨是秋豐稔民感之

陳爾正廉潔自矢質直不阿銖兩之奸一無所容民無越訴四境肅清後以憂去民思不忘

陳元學重簡默有古廉吏風時值開鑛民苦油糧之費復立鑛税徵額民愈不堪乃固請損其數以蘇民困遂忤時罷去人思慕不置

陳澤性勤敏才練達山寇猖獗率兵捕之斬首百餘級時邑無城申請當道鬻寺田以充費不逾年而

城成民賴捍禦之恩尋擢南京監察御史

馬汝徯清慎明敏特值大造奸胥受賄滋[illegible]

簡閱以鏡弊源版籍一歸於正尋入覲致仕歸

朱芾簡重慈惠喜怒不形於色以誠修城選學經[illegible]

有存士[illegible]之

勞銘[illegible]納處事明決變民禮士民[illegible]

勳之建義塾修漏澤園[illegible]於官士民[illegible]

沉維龍廉[illegible]剛毅剔奸蠹[illegible]清帑藏絕[illegible]

置學田及綱鑑性理諸[illegible]學宫去後民懷[illegible]

德入祀名宦

陳九功[illegible]，[illegible]公平明決，[illegible]志學[illegible]開渠引水[illegible]

防火患[illegible]建[illegible]闔邑[illegible]賴之

[illegible]長平[illegible]課典棄周[illegible]給餼字孤獨老[illegible]

[illegible]時煌[illegible]領[illegible]舟鳥競入[illegible]無[illegible]

[illegible]王存[illegible][illegible]居親[illegible]王勤異[illegible]以吉[illegible]歸[illegible]

知夫[illegible]好

邵建邦[illegible]惠[illegible]慎[illegible]政[illegible]簡[illegible]靜[illegible]八[illegible]漢[illegible]喬[illegible]

民

孚賢簡易慈祥不阿勳勢時有奸民以没官田私庄勳臣質得其實上之當道以重法繩之遣戍者三人自是權貴凜然邑無驕擾去之日老稚垂涕

張學書康明仁恕加意撫字先是慶有商鹽之害官吏受賕役丁夫自龍泉轉運抵邑因諳道途遂騰價使舖户屯賣鹽復穢惡食者多病商坐取盈額致鹽户傾家質子女以償公目擊民苦詣鹽臺請命願免官以除百姓害臺使可其請咨部每歲納包引課銀四十一兩八錢二分不許商鹽屯賣民

困始蘓時鑛稅微溢額數倍公裁之僅足額而上
又上撫令民充木戸十邑騷動公以地僻民貧一
產巨木申詳卒賴以免邑有群豺發畜公疏於[illegible]
隍群豺盡斃於山一時稱異尋擢真安守父老[illegible]
轅贈金卻不受僅舉一觴去後民尸祝之
郭際美嚴正慈儉屢水爲災山多潦沒民若虐稅[illegible]
糧里復增額外之派[illegible][illegible][illegible]且單騎偏行村[illegible]
受水災者發倉賑之[illegible][illegible][illegible]無己
龔鑑風雅有才以多更新龍山三元殿伏虎庵間

亭大士閣諸勝皆其開創邑政卧理奇俗山[illegible][illegible]

賦詩民以風流仙令稱之

楊芝瑞廉明勤敏令行如風雷凡有益於民社者無

不盡心尤以作新士類爲首政修城池築六隘建

詠歸橋補天閣修堰濬田百廢具興禦盜有功民

獲安全尋陞武定州知州卒於官入祀名宦

國朝知縣

鄭國位年十九歲蒞縣精明廉決慈惠愛民政治井

然可觀雖老胥猾吏不敢舞法重犯楊公左橋氏

無病瀆待士誠禮士之致合卑德之卒於官士民哀
悼不忘
王之垣仁恕廉明絶意苞苴愛惠子民誠心禮士有
良吏風未滿月卒於官囊橐如洗士庶哀悼不已
賻之柩乃得歸
高嶸練達勤敏動應機宜公餘賦詩臨池有李北海
風建城隍廟尚書坊鑿泮池治行綽有可觀

明縣丞

謝明德創始立法愛民猶子時青田山寇葉丁香作亂朝命延安侯統兵進勦侯以邑之二都與賊連境欲戮其民明德泣請曰鄉民並無從賊者戮之是冤民也願以身代侯重之事寢民得生全至今衣德永勒口碑

王延相清介自持臨事不苟胥徒不得售其奸以病卒於官啓其篋僅存柴薪銀四兩清操著聞於時

明主簿

劉茂善伺奸頑勤於捕盜山寇夏清四侵掠茂率鄉勇吳得閙除之民獲安堵陞河陰縣令

明教諭

鄭師陳申學政嚴考課講明經義士風翕然丕變

王國相慱古能文作易經講意訓諸生考課嚴勤士風丕振尋擢廣東瓊山縣令

毛存奎古雅慱學善著述訓誨不倦士類德之先是宋知縣富嘉謀經始有功明初知縣曾壽抗節[illegible]屈特爲題請從祀名宦大協輿情皆有餘[illegible]

邑紳列舉歸士民選之書云

徐應亨純厚聚重爲士典型博古工詩賦著有十笏
齋稿四十卷行世海內知名

國朝敕諭

駱起明敏捷有氣節善藻鑑人品專以公車業課士
文風丕振尋陞鷄澤令

張晉性寬和有盛德厭譚勢利以文行訓士閨序衣
德以病卒卒之日諸生哭之皆失聲士民歛緡合
賻旅櫬始得歸里

明訓導

李文魁秉性端嚴立科條勤教誨有古人風諸生歲試貧不能行者出俸金濟之與[illegible][illegible]何熬同官時有縣學雙清之譽

吳從周性剛直博學工詩視[illegible][illegible][illegible]清慎時山寇薄城誓以死守七日計殲巨魁於城東餘孽乃遁以城西在山之下懼寇據其上難於固守申請當道改築西城於山巔捐俸若干為民先保障之功居多尋陞國子監學正

慶元縣志卷之六

慶元縣知縣程維伊纂輯

禋祀志

文廟　壇壝　羣祀　寺觀

先師教垂萬世，崇祀當隆；壇壝饗眞一方，將享宜恪。若夫建功樹德之往哲，以及禦災捍患之英靈，用展明禋，爰彰祀典。志禋祀。

先師廟

祀先師孔子，南向。四配列東西：復聖顏子、宗聖曾子、述聖子思子、亞聖孟子。十哲次之：閔損字子騫，冉耕字伯牛魯人，冉雍字仲弓，宰予字子我魯人，端木

賜字子貢衛人 冉求字子有 仲由字子路 言偃字子游吳人 卜商字子夏衛人 顓孫師字子張陳人

兩廡列先賢

澹臺滅明字子羽武城人 高柴字子羔齊人 宓不齊字子賤魯人 公冶長字子長魯人 南宮适字子容魯人 漆雕開字子若蔡人 樊須字子遲齊人 司馬耕字子牛宋人 公西赤字子華魯人 有若字子有魯人 原憲字子思宋人 申棖字子續魯人 陳亢字子禽陳人 巫馬施字子期陳人 梁鱣字叔魚齊人 公晳哀字季次齊人 商瞿字子木魯人 冉孺字子魯魯人 顏辛字子柳魯人 伯虔字子析魯人 曹卹字子循蔡人 冉季字子產魯人 琴牢字子開衛人 公孫龍字子石楚人 漆雕哆字子斂魯人

秦商字子丕魯人　漆雕徒父字子斯魯人　顏高字子驕魯人　商澤

字子秀魯人　壤駟赤字子徒秦人　任不齊字子選楚人　石作蜀字子

明成紀人　公良孺字子正陳人　公夏首字子乘魯人　公肩定字子牛

后處字子里齊人　鄡單字子家　奚容蒧字子晳魯人　罕父黑字子

黑魯人　顏祖字子襄魯人　榮旂字子祺魯人　秦祖字子南魯人　左人

郢一作左郢字子行魯人　句井疆字子孟衛人　鄭國字子徒宋人　公祖

句茲字子之魯人　原亢字子籍魯人　縣成字子祺魯人　廉潔字子庸衛

人　燕伋字子思魯人　叔仲會字子期魯人　顏之僕字子叔魯人　封

選字子斂魯人　樂欬字子聲秦人　公西輿如字子上魯人　狄黑字

之黨 人 孔忠字子蔑魯人 公西箴字子尚魯人 步叔乘字子車齊人
施之常字子恒魯人 秦非字子之魯人 顏噲字子聲魯人 先儒
左丘明 公羊高 穀梁赤 伏勝 高堂生 孔安國 毛萇
董仲舒 后蒼 杜子春 王通 韓愈 胡瑗 周惇頤 程顥
歐陽修 邵雍 張載 司馬光 程頤 楊時 胡安國 朱熹
張栻 陸九淵 呂祖謙 蔡沈 真德秀 許衡 薛瑄 王守
仁 陳獻章 胡居仁 羅從彥 李侗
歲以春秋仲月上丁日修其祀事
先師祭器用篚一帛一爵三登一鉶二酒尊一竹

二簠二籩豆各八香案一香爐一燭二祭物用羊一豕一大羹和羹黍稷稻粱榛菱芡鹿脯形鹽藁魚棗栗韭菹醓醢菁菹鹿醢芹菹兔醢筍菹魚醢酒三獻（祭文依儀註）

四配祭器用篚各二帛各一酒罇一爵各三登一鉶二簠簋各一籩豆各六香案一香爐一燭二祭物用羊一豕一大羹和羹[illegible]栗菱鹿脯棗形鹽藁魚菁菹韭菹芹菹兔醢筍菹魚醢酒三獻

十哲祭器用篚共二帛共二爵各一鉶一簠簋各一籩豆各四香案二香爐一燭二

祭物用豕一和羹黍稷粟鹿脯形鹽棗菁俎芹

帛俎兔醢　兩廡祭器用篚一帛一每廡爵四酒

罇一簠簋各一籩豆各四香案一香爐一燭二祭

物每廡用豕一黍稷粟棗鹿脯形鹽菁俎鹿醢芹

俎兔醢酒各一獻

啓聖祠　祀啓聖孔公以四氏配顏路曾點孔鯉孟孫從祀兩

人周輔成程珦朱松蔡元定凡有事於先師則先期行事祭器

用篚一帛一爵三簠簋各一籩豆各八鉶二香爐

一燭二祭物用羊一豕一和羹黍稷榛菱芡鹿

形鹽一藁魚棗栗丱俎醯醓菁葅鹿醢芹俎兔醢笋

俎魚醢酒三獻祭文依儀註　四配每過爵八籩籩各

二籩豆各四祭物用豕一黍稷鹿脯栗形鹽棗菁

俎鹿醢笋俎兔醢酒三獻

文廟名位

明初肇定祀典山川城隍諸神俱革封號惟孔子

尚仍舊稱四配以下亦未更定洪武時僅黜揚雄

從祀至嘉靖九年庚寅用輔臣張璁議改大成至

聖文宣王爲至聖先師孔子去塑像爲木主兩[illegible]

去公侯伯封曰復聖顏子宗聖曾子述聖子思子亞聖孟子十哲以下稱先賢某子左丘明以下稱先儒某子以申棖申黨止一人去申黨名存棖罷祀公伯寮秦冉顏何荀況戴聖劉向賈逵馬融何休王肅王弼杜預吳澄十三人進祀后蒼王通歐陽脩胡瑗而以林放蘧瑗鄭伭鄭衆盧植鄭虔范甯七人各祀於其鄉璁又引宏治間學士程敏政議請別祀齊公叔梁紇改稱啓聖公孔氏配以顏路曾點孔鯉孟孫稱先賢以周輔成程珦朱松蔡

元定從祀稱先儒又用行人薛侃議改稱大成殿曰先師廟戟門曰廟門籩豆各損其四樂用六佾以示天下尊德之意進陸九淵從祀隆慶二年進理學薛瑄從祀萬歷二十八年進祀王守仁陳獻章胡居仁四十三年進祀宋儒羅從彥李侗

名宦祠　祀趙宋令富嘉謀明知縣曾壽楊芝瑞祭用春秋仲月上丁日祭物用羊一豕一魚醢肉醢棗栗芹菹香燭楮錢酒三獻祭文惟神昔蒞茲土區畫周詳匡衣民社德澤無疆令茲仲春秋謹以牲醴絜情告將尚饗　功績見治行傳

鄉賢祠　祀宋處州府通判吳[illegible]嘉興縣知縣吳楨

一祭日祭物同名宦祠祭文　惟神毓秀松源名高山斗爲國之禎流徽不朽

尚饗　仕績見人物傳

壇壝

社稷壇　歲以春秋仲月上戊日致祭立兩木主左曰縣社之神右曰縣稷之神祭器用牲匣四帛匣二爵帛案一酒罇案一祝案一爵六酒罇三香案一盥洗盤一鉶一籩豆各四簠簋各二祭物用羊二豕二帛二色用黑白長一丈八尺棗栗菱芡[illegible]

藁魚菁葅韭葅醓醢鹿醢和羹黍稷稻粱祭畢藏神主於城隍廟（祭文依儀註）

山川風雲雷雨壇　歲以春秋仲月上巳日中列風雲雷雨之神左列境內山川之神右列城隍之神設三木主合祭器用帛匣七爵九（餘同社稷壇）祭物用帛七色白（餘同社稷壇祭文依儀註）祭畢藏神主於城隍廟

邑厲壇　歲以春清明日七月望日十月朔日致祭先期迎城隍木主於壇上以主其祭下設二神牌於左右題曰無祀鬼神祭物用羊一豕一菓五羹

飯冥衣草履紙幣祭文依儀註祭日架木爲主祭畢焚之

群祀

城隍廟　明洪武三年正封號曰慶元縣城隍之神祊以祭山川明日致祭禮同社稷壇十四年以城隍合祭於山川風雲雷雨壇凡知縣到任必備牲醴致祭齋宿於廟

土地祠　每月朔望謁拜原無享祀明嘉靖二十九年知縣邢夢珂始用祭與祭山川同日行四拜三獻禮　祭物用羊一豕一菓五香燭紙帛祭文惟[illegible]

職司漢含默運化機休咎庶徵是資是祈某承之
蒞土春秋弗違茲當仲春秋用中祭告尚 饗

拱瑞堂 祀五顯神 在縣北文筆山下原廟在盂竹邑人何文魁吳標請建于此
國朝順治五年僧明光重修凡祈雨禦災無不響
應祭與山川壇同日祭物如土地祠 祭文惟神
鍾天之秀受地之靈能澤物産以祐民也某奉承
簡命蒞茲山城惟茲仲春秋敬潔明禋神鑒其在來
佑安寧
尚 饗

育英莊 祀文昌歲與文廟同日致祭祭物如土地
祠祭文 帝德無疆始於孝友十七世身陰功積厚
迺升於天奎文司斗慶邑奉帝明禋不朽
烏紗龍袍相士入彀碧水青山為帝之壽惟茲仲
春秋薦以清酒觴立胥臨璽驟抖擻尚 饗

文昌閣 祀文昌歲春二月二日下丁紳衿輪班致

祭

請天閣 祀文昌歲與文廟同日致祭物如土地祠

寺觀

石龍寺 石龍山下唐乾符間邑人吳馬劉捨址建宋寶佑元年邑人吳濟造經藏一輪今廢明天順元年有火者盜銅被投寺造鈔發覺即自盡求之帝得因罪及有詔抄沒使者至夜夢神人指以火者屍處乃獲兇改名神力寺嘉靖三十七年邑人吳安慶募修易名塔院殺諭吳瑞有記 國朝順治十七年重修三楚毛炳詩 陌上尋春儘日閑門前新栟亦勝攀溪環北郭浮龜石寺枕西峯對象山雨雜松聲鳴梵閣煙含竹色隱禪關焚香坐對家中寂薄暮遺看宿鳥還 邑人吳如公詩焚香日日對心齋合掌瞿曇更愴懷門俯放生潭水活壇爲度衆法筵排天花丰墜石龍蟠梵偈遺傳伏虎階普濟慈航曾有

創於今宿
毁舉無乖

天銘寺 縣東象山下建自蕭梁元至元間僧至善重建明嘉靖間僧員貞重脩

國朝邑人姚鐸脩建後堂有詩 秋老山行悲落木黃花對酒一高歌蘿侵斷壁題應徧蘚蝕殘碑字欲磨添水舊聞蕭寺鴿聽經誰識逹公鶖度江已含津頭茷隔岸回看翠靄多

普化寺 二都盖竹宋天聖二年建國朝順治十年僧永澂重修邑人江南萃詩 蒲團禪意好來坐遣閑情夜月[illegible]無相午鐘寂有聲奔天雲絮靜呪鉢火蓮清默匕時標指萬緣一粒輕

慈照寺 五都[illegible]廣嘉熙符二年僧覺正募建明正德二年僧惠徳重脩邑人王鎬倖詩 溪迴路轉落梅香載酒尋僧到上方夜雨當窗山更碧春風拂岸柳初黃法身漫禮莓苔深禪室空留薜荔墻莫道龍宮久消歇林端猶見白毫光

廣福寺 五都金村唐乾符元年建明嘉靖十八年洪水漂沒僧元保於横碶構小剎居之

莊嚴寺 六都蔡段唐中和二年建宋大觀三年僧子端造經藏一輪今廢明宣德九年建法堂[illegible]

泰五年僧惠袍建鐘樓教諭衆人張晉詩寥落翁
明寺香臺發廢興祇園還舊觀誰爲續殘燈經燕無
光候齋堂有老僧偈會
詩說法不必問迦陵

眞乘寺 六都山根宋淳祐二年夏聰建明宏治十一年僧順請重脩

鷹福寺 六都宋乾德二年建今廢

慈相寺 七都中村唐乾符三年建明正統十年僧宗成重脩

淨悟寺 七都隆宮唐乾興元年建明萬曆元年僧德詵重脩邑人葉方[illegible]詩　十年僧半換我老縱遊情高望萬松色近聞一磬聲巖雲常作侶埜鳥自呼名飽坐蒲團上水山喜共清

安禪寺 八都橋頭唐光啓元年建明嘉靖四十二年僧福昕重脩

法會寺 八都瀨水唐太和二年建明嘉靖二十三年僧福昕重募脩

淨心寺 九都潘循唐乾符三年建明隆慶五年火萬曆元年僧安常募建　國朝順治十年僧勝道重脩邑人周班祿詩　十載參禪意不離一淨心缽中觀幻影磬外發空音翻經彈佛火分粒飼山禽茶罏留我處今日喜相尋

多福寺

咸平十年建今廢

大覺寺 十都鷲峯下宋咸平七年僧定言建明天順二年僧戒銓修推官張

大興詩欽識靜中趣文爲野行空門諸品寂[illegible]纔一登閒兩過草動茁林深鳥亂鳴老僧相指顧不

謂有遠迎

勝因寺 十都上泝宋咸平三年建

化成寺 十一都下灤宋太平興國二年楊俊

捨址僧智喜建明永樂五年僧方渠重修

覺林寺 十一都樓湖山宋太平興國元年建明成化二

年僧義[illegible]重修邑人吳美中詩[illegible]呼[illegible]失此山上一葉茶煙[illegible]竹風之[illegible]林[illegible]閑[illegible]色[illegible]待月出生

東

天眞寺 十二都[illegible]宋咸平七年建

梵安寺 十二[illegible]舊田宋[illegible]年建邑人

[illegible]蕊詩琴澤蓮峰倚竹斜[illegible]偏餘泉[illegible]

[illegible]雨山山瀑徑通春風樹拂花[illegible]群帝禁[illegible]

[illegible]綠[illegible]梵王家老僧似得[illegible]二宋治

[illegible]來[illegible]雪英爽似石窩茶

廣[illegible]寺[illegible]建今廢

苔山

[illegible]作[illegible]堂又名

雲鶴堂 [illegible]

[illegible]玩今廢

泉壽元[illegible]邑人號齋八[illegible]

燬。天啓三年，僧普[illegible]十四年，僧毓括增建
外堂及西樓[illegible]年僧[illegible]京淑重修明本寺
知縣高起未[illegible]我來雲鶴隨
去雲鶴依[illegible]不可飛　已人手紅詩
儕邦蹟蓮社[illegible]人煙浮僧外梯　巒樹山堂
曾是存松性[illegible]登樓問徒倚空月可安棲
東隣[illegible]年景緣一幽高疊二年芸蕚
重修里人[illegible]林花香氣芬青藤雨洗
已蕉破未曾[illegible]可魚山何法繼盧能葉
頭啼鳥窺春[illegible]守春發鍼得畫風清磬響
一評茗汁　上官里人吳之錫詩　爲中堂之

石屏堂

生壽僧　砍通半晷霜飛葉花禁鳥稱寶一
許俗人敲入庭下　會元至正元年清元建九

福興堂

於松雲爛　洪諸佛外祀土地盡大智
國朝康熙十一年閩縣重建　里人陳祚詩　僧房
寂隱僻疏鈴叢谷雲樓剎宮月照滿閣丈臺幽磊
貝葉影玲瓏山家如畫色侵幽爐篆去爐寄
遶空蒼向向夜禪息咫尺闍黎耶悟目方中

福善

□雲庵洪武十一年里人吳順卿建別有祠□區吳尹贊　鄉里人吳南明詩：勝日郊原攬物華，東山迎□野雲斜。春辭別墅餞芳草，雨過溪林繡落花。徑繞湧聲通佛剎，坐依松影見人家。酒酣嘯詠俱成趣，移榻何妨就淺沙。

白蓮堂　下管小濟，龍鳳三年本里有女名白蓮捐建，因名，又名報資。邑人姚春榜詩：九春遊勝地，千秋一梱尋。駁鳥鐘勸響，藏雲□欲深。禪寒雷木氣，高靜見山心。信指不縱去，依風一啟琴。吳王軒詩：□林堂石許，碧雲資雨濟。道香莊岸突，寂寞蒼苔閉。使倚樓鳴鐘，聲寒。

淨信堂　二都周□邑人建。二西□下秋月浸，積松石勤□明木□□□□建已滿禪關，潮破□□雲□□

善慶堂　四都崇禎□□開江文濟建

□現堂　十□都

正信堂　十都

善慶堂　十一都

勝蹤堂　十一都

正應堂　十二都

集善堂　十二都河源村

萬壽庵　豐山門外。里人葉成章詩：秋意閑登般若臺，借旁閑寂懷蒼翠。山籠空翠千重合，木落

霜黄四　楓林庵　東隅明崇禎十六年僧賓喜募建里
望閒　人葉人傑詩　作雨溪聲壯新晴變
石杠逐青溪古寺[illegible]窗鳥下雪霽　準提庵　[illegible]
書帶來僧法性不須關半偈早已片心降　[illegible]
楓山下　國朝康熙四年知縣李肇熙建有詩　[illegible]
南嶺巍巍鷹堂倚風修竹長青環溪流活活通閣　[illegible]
山勢層層遠結蒼童子南詢參正覺美人西望　萬[illegible]
孺返方何時共結蓮花社池上爭看五色光
縣南三里許　國朝康熙二年邑人余琮僧咄阜
庵　募建　邑人葉作梅詩　遊乘閒餘步不爐春光生
我圖宜邊松邊隱遁無如茗竹裏逃禪止有詩嗃卓
鳥非先歷到香空花已代山容風蒙雲影總相娟二
笑老僧共得知陳觀德詩　不浸萬松色丈人難差一
云鹿過花遺醒客到鳥知閑暑日冷於月午風淡
雲層永何用踏清幽共僧分　余熙詩鐘聲帶月
梵宮擊破清光十二峯孤鶴長鳴松色老遠山半
暮煙　雲泉庵　上管里人周自昊詩松竹掃高峯雪
中　春始暖蛙吐青草蟲幽壑碧泉綴寺

先曾清花殘橋鳥嬾袈裟石日晴方丈閣雲篇

司理庵上曾 勝隱庵下曾鄉山康熙六年僧海雲重脩有瀑布鶴洞蝶屋試劍石洗耳泉伴巖巖飛嶂石印月潭脩竹茂林夏不知暑里人吳王賓詩千峯簇芙蓉茅林翠疊重斷崖飛雪瀑怪石起雲峯松竹流清梵猿啼帶曙鐘禪心何處覓不住是眞……吳還光詩豈意登山如此清此山眞不負其名否多幽勝志今古雲自凝往無送迎斷壁猿所千壑雨空天鳥度鶯峯晴閑心向欲尋泉去忽見林東月已明　葉溶題洗耳泉詩崖際寒泉入峽鳴清音細細耳邊生幽人斂向山中宿錯聽雲琴古曲音吳王闓題鶴洞詩何人養鶴煉金丹鶴去洞空留水寒風入清林低碎月披霜怯冷白雲殘尖外碧停儔巖詩石面雲茅欲剌天凌風玉珮去何年閑心已識游儔意那問儔蹤後與先　周九如題瀑布詩翠屏千仞連霄結嶂霧屯雲飛玉屑激石濛濛生白煙舞空點點散晴雲

道者庵二都

東陽庵二都

源隆庵二都順治十七年邑人三

京維僧東榮建　王綸詩山冷雲俱碧泉鳴石自清
衣斜生片影聽鳥不知米　葉赦詩照妄須燃大智
發法堂雲護碧層已林香叠
已開薝蔔谷簷從知斷葛藤

慶雲庵二都

復興庵二都

雨花庵二都明崇禎年間葉一舉建邑人宗珪詩空
山淨侶幾傳燈有客躋攀最上層臺畔雨花紛
砌草閣前雲樹引溪藤布金誰識祇園老飛錫曾
經竺國僧此地袈裟饒坐具冑淡不用問南能

烏石庵三都

百花庵二都祀黃十公歲旱祈雨立應山多花木奇叢堵壁相傳有神僊往來邑
人李良璣詩閒道僊巖紫百花奇風步屐入煙雲
蘿侵石徑綠溪轉竹遶山縈帶岸斜曲搗齒深藏與
閣通村隱約見人家向來靈蹟未湮沒方信丹臺路
不遠　邑人周班詰詩西風吹杖屐淹沿瀨漂紅汁
逭催歸燕秋隙下旅鴻任踪留翠巘丹訣乞黃公照
尽隣僊嬌無夢問海棠　周刪新詩春攬靈層勝堪
刪萬斛愁刹拯鐘正午花滿樹非秋絕壁佛
宜谷連雲肆路淨昇鶯啼篇求真笑豈盈頭

伏虎庵

三都伏虎山下元至元間建國朝康熙七年僧法如重脩庵前怪石古木秀色可餐又名雙溪庵邑人吳鉉年詩紛紛重復和畫靜絶塵埃殿閣高燈暗徧孤片月來一風過小臺二水繞寒限特此報知己余先猶幾回吳夢屏詩覔春開野步坐聽淺溪聲雲壩雨初晴勅鳥爲山主要松與竹盟風顛花未發事可圖三笑運志此一生

清隱庵 四都宋祥符間建國朝順治八年僧宸慧重建邑人葉中桂詩遠嶠拏初月晚鐘一水聞燈龕燒佛脩雲角悟僧頑寂寂春堪夢悠悠我共山心希成五字獨舞乞詵刪李玠詩到覺全無暑南風洗我愁煙生迷竹綠響細借泉遲且多雲同冷纖橫山共幽只須生椽栗留此亦何求

龍濟庵 四都邑人吳璋詩山奇惟見骨樹老自多癭一鳳萬松梢坐看雲水靜

天堂庵 五都明崇禎七年僧成忍建邑人陳之錦詩宗竹隱崇扉隸鐘度翠微猿啼山月出犬吠寺僧歸挂影臨窗動泉聲進襟聚西來意何限色色演禪機邑人劉作愷詩何處尋蓬島孤峯若可

翠野雲歸澗底曉日逗林開客到茶初沸經翻石未
頽登臨還盡咏松月滿禪關　姚家藩詩危峯削立
翠如屏竹有留題石有銘昔日
遊人何處去雲山歲歲不磨青

百丈庵

六都百丈山馬僊飛昇處
國朝順治十年大十六年僧澄明重建讀歸新雨多
庵　邑人周九如詩艷嶽登臨托杖行幽情借境
中生半林黃葉知秋色幾處巖花忘俗名竹底看山
惟有綠泉邊聽鳥似無聲歸時倚寄雲窓下四壁交
涼一枕清　吳鏐詩暮山四望氣氤氳搴盡苔痕石
上文古樹亂鳴將宿鳥辯旁半掩欲巢雲喬森林景
閑中得坐到秋聲靜裡聞更喜
老僧能解悟却教木石樂同群

普濟庵

百丈山半嶺又名平坑庵
邑人吳玉選詩翠巘叢儷桂蒼崖覆女蘿山光晴
愈近谷響夜偏多說法依龍窟棲禪傍鳥巢巖僧破
眷客何日
許重過

山崗庵

七都國朝順治十五年僧勝白
慧猛募建・邑人吳玉鉉詩石门
凌風起盤迴境若疑濶天分鳥隊絕磴接雲旗纒縄
字文古僧龔容問奇一泓清且靜為我報鄰關邑人

[illegible]猜經亭亡曲茶旋有清淨竹色蒨森森相似[illegible]耳根東路知深淺眼底雲飛任去留白鷗遊[illegible]今已悔登臨還慕古風流

蘊客庵 九都竹口蓬塘洲明崇禎甲戌僧海棠創建邑人吳貞臣詩

蕨窩藏古剎石徑繞溪行雨剩殘碑晴雲開遠岫明鳥隨秋葉舞猿雜啼鐘山正喜僧居家樓禪斷還逸

梅會庵 竹口水尾明崇禎年間建邑人葉海棟詩

曉色初開萬縣萬鐘聲出水又黃昏問余書日夫何事夢遶青山酒一尊

青峯庵 九都青峯山絕頂明天啓元年重建 國朝順治十八年僧正華偷色人葉之諒詩

剎倚翠微勢最危空王禪適道心超當意捨竹生雲霧遶潮清泉發海淵蟬韻喧亡時不斷松風漢七暑全消更肆同調留題好讀罷虛聲徹九霄邑人吳王枚詩

倚天高剎數椎哉雲際遥看飛若臺花逐潮風飛作雨瀑經斷石怒成雷松篁鎖發猿聲合島嶼煙消霽色開最喜空山明月夜希微鐘梵上方來

盤石庵 十一都邑八[illegible]九花詩

愛[illegible]

評居好登臨眺氣清有巖皆古色無樹不秋峯空安

竹逢僧話倚松聽鳥鳴已忘塵世事但看白雲三

庵在十一都槐源

般若庵十一都

上清殿竹口邑人劉廷瑩捨址建

閻王廟縣治後順治五年燬六年駐防遊擊董永義重建康熙四年知縣程維伊捐俸買縣長嶺五都竹下大租壹百伍拾肆把計稅壹拾叁畝陸分伍厘伍毫米奉香燈　竹野井頭肆拾陸把　朱村門前壹拾貳把　朱村後門菜把　楓塚貳把堯樹根陸把　通堂下壹拾捌把　下毛壙壹拾肆乞五過壹拾叁把　橫掠門下貳拾肆把　上源備口致把　羊頭見陸把

真武廟北門外明萬曆二年建

平水王廟東隅

葉元帥廟東隅

馬侍郎廟東隅

徐夫人廟縣北迎恩坊左

三宮廟石龍山明天啓間知縣樊鎰剏建邑人葉長春詩

峻嶺盤盤勢欲淩謁將清眺思悠哉下方城堞輝圖畫咫尺雲霞入

[illegible]

山次此日平分勝景來　吳之球詩山島秋聲澀
庄際伏狐城群動如知靜跨途似欲乎人來津水色
霜樹無風聲耳目何　石龍山頂明知
超曠身離俗世情　位壇廟　縣樊鑑建今廢　吳判府
廟　二都西洋　顯靈廟　二都渭段　靈顯廟　二都盖竹神姓吳生長此地晓術通神能鞭蛟
遊長宋咸淳元年吳徐等建廟有碑林俊　先公廟　三都林後　馬眞人保廟　三都坑西神
底廟　九都黃壇　白將軍廟　九都竹口神姓白名鐵錢王將閩越王鏻叛白將兵討之闢此
地死後常有白氣出以土人立廟祀之　東山廟　九都竹口阜梁橋江　隆安廟　九都竹口
明成化間建祀土神陳五官里人許先彥等于順治四年捐貲民田壹拾陸畝以為香燈致祭之需
顯廟　九都竹口歲寒露前後迎神賽會順治十四年毀康熙五年闔鄉重建　關帝廟　一都
順治十三年本里王殿桂項一中募建

禾

嶽行祠 四都舊學址後宋延祐二年道士公墱□四年邑人吳廸吉重建明隆慶四年僧□

匡修

重護應行祠 縣治左祀馬氏眞人風六月居民□樂花燈迎之名保□會康熙三年□

縣記

程繼伊捐俸買姚齡長大坂洋六租叁拾把稅□永奉香燈因原說有缺另捐俸伍錢給衆輪管□

息

順濟行祠 西門內祀古田陳氏十四夫人康熙四年邑人季懷周豈明季虹重修序□

記庵

見藝文十年知縣程繼伊新副庭詩指俸買葛□園下大租貳拾把新碑一口計租銀陸錢永奉香

燧飛

有夏旱謁廟詩 雲宗蒸峯暗空濛應可知西□片雨南點破愁眉澤潤當年稱功壓萬古碑寄言

只亡

叔子不賦周詩

靈順行祠 城北□迎恩坊□□今廢

張公祠 石龍山下明□萬曆間建毀

旌

義祠 石龍街爲義士吳□鳳鳴吳德中建今廢

義勇祠 竹口明萬曆年間□爲吳元傑建今廢

惕

公樓 太平門明崇禎癸未年建歲以春秋祭增□明正八月十二日□倫班致祭祭物同名宦□

祠內置有水門外店捌值每值納租銀肆錢紋又買陳麟生田大租壹百把計稅壹拾畝姚文守原買吳慶運大租壹百把計稅捌畝姚大都大租貳拾伍把計稅貳畝伍分閤門嶺田及地共大租貳百伍拾把計稅柒畝玖分叁厘陸毫零已上共計大租肆百柒拾伍把共稅貳拾捌畝肆分叁厘陸毫零逓年除納粮差外餘入祠爲香燈備祭及脩祠之需

樊公祠 石龍山明萬歷年間建廢

姚光祿大夫祠 南門上倉明隆慶六年姚龍等建康熙八年姚鐸重脩

吳文簡公祠 上營舉溪明嘉靖間吳藍吳推俊建

吳都巡公祠 在杭橋

吳諫議公祠 下營明隆慶間吳道孫吳述等建

吳大理公祠 下營吳垣吳昇有記國朝吳世臣重建

周光祿公祠 二都周墩明嘉靖癸未周鐸建

吳儀眞公祠 二都底畬明宏治年間建

景星宮 東隅上倉宋景定元年建後改造麗陽行宮今廢

馬儒宮 下營明萬歷三年里

人吳道遜等建
北斗宫 二都天師坳明萬曆四十五年里人吳鍾建

慶元縣志卷之七

慶元縣知縣程維伊纂輯

選舉志

鳳翥鵬飛觀光乎上國雲蒸豹變蔚起乎天衢作席之珍爲國之幹世有異制代不乏材志選舉

宋進士

天聖甲子

吳轂 仕至太學贊善 遺職中藝有傳

景祐甲戌

吳轂 仕至滁州知府轉朝中秘書有傳

熙寧庚戌

吳桓 奉議郎有傳

熙寧癸丑

吳翊 溫州府通判有傳　吳昇 潭州教授有傳

熙寧丙辰

吳膚 仕至侍制學士贈少師有傳

大觀庚辰

劉知新 狀元及第仕歸州知州

政和壬辰
吳彥申 秀州司理參軍
吳逵 東平州知州
吳競 惠州府通判 入祀有傳
吳樞 壽興縣知縣 入祀有傳
紹興甲戌
陳嘉猷 因神童补仕 至禮部尚書
隆興甲午
胡紘 仕至吏部侍郎有傳
嘉泰
吳懋德

嘉定戊辰

王應麟 給事中 有傳　吳人可 湖州府 總幹

嘉定甲戌

吳滿 工部 侍郎

寶慶丙戌

吳巳之 [illegible]州 [illegible]府

嘉熙

吳椅 [illegible]州[illegible]州[illegible][illegible] [illegible]官觀[illegible][illegible]

寶祐丙辰

吳松龍松溪尉

明進士

永樂乙未

鮑畢西隅人南京禮部主事

嘉靖己丑

胡律行人

明舉人

永樂乙酉

姚珙上倉人衛輝府通判

永樂辛卯
吳仲倚上管人泉州府通判
永樂甲午
葉祥西隅人　鮑畢西隅人
永樂庚子
趙樞南門人雅州學正　吳仲賢三都陳村人
永樂癸卯
吳源安溪人淮安府經歷
正統辛酉

鄭　能

成化辛卯

吳　譽　安溪人遠安縣學訓導

弘治乙卯

吳　睪　下會人紹興府推官改吉安府通判

嘉靖戊子

胡　俸　廣西儀衛司經

隆慶丁卯

姚　英　後田人廣州府同知

萬歷壬午

姚文焯後田人仕至順慶府同知

皇清舉人

順治丁酉

葉上選後田人順天中式第三十五名

明
歲選

洪武甲子始

吳道傑　　吳熊

崔中浮梁縣丞　　吳瑁大衢人仕至山東監察御史

吳佐大庾縣知縣　　楊溢桂平縣知縣

潘鈞下管人　　周深海州判官

永樂

吳杰下管人任刑部主事　　楊鉎

吳禮撫州府通判　　吳坦

吳愈　寶府推官

吳陳　沅陵縣知縣

姚永誠　後田人蘇州府衛經歷

姚永黯　後田人

姚永增　後田人

吳秉初　商河縣知縣

葉洪

姚克平　後田人山西行都司經歷

姚茂誠　後田人建平縣訓導

姚永勲　後田人

季存欽　西隅人范縣訓導

吳長壽　池州府通判

吳子深　上管人香河縣知縣

吳子巽　上管人南陽府推官

宣德

周文迎

謝智濤　後田人臨武縣知縣

蔡慧清　　楊志高

朱寧汀州府訓導　　賴景行中潞人經歷

正統

劉存壽　　鮑琦西隴人奉度縣知縣

林敏　　林遷曲阜縣知縣

葉盛柿兒葉人經歷　　楊誠主簿

景泰

姚道澄叙州府通判　　姚公器池州府教授

吳瑛　　葉道隆東隅人

天順

夏大進　吳　輔 貴谿訓導

葉　興　李　朗 西隅人鄱陽縣丞

成化

吳汝積　姜廷棟

陳　洪　楊　善 主簿

吳　澤 下舍人大理寺 治乙卯科　吳　盛

葉仁智 東陽人　周鳳岐

吳　洪 撫州府經歷　陳　茂 高明縣教諭

季海 西隅人

宏治

吳文 上海縣丞有傳　　吳紀

吳若 延平府經歷　　陳道惠 下管人恩選授縣丞

葉泰 [illegible]主簿　　吳鑰 上管人

葉儒　　吳贊 杭橋人連城縣知縣有傳

劉育　　周鑑 [illegible]

吳欽 新建縣丞有傳　　吳琦 萬田縣丞底畲人

正德

吳晏 東平州訓導　周鎮 河南布政司經歷

吳信 三都中村人　葉濬

季茂 西隅人沙縣丞　吳烈 貴州新添衛經歷

嘉靖

吳韋 浦城縣訓導　周瑛 南城縣訓導

葉□□ □□縣主簿　周瓚 漳平縣教諭

吳禋 杭橋人宿州同知　吳宇 下管人梁渫縣知縣

吳伯齡 西隅人汀州府通判有壽　陳裕 黄梅縣訓導

金廷選 後田人　吳輔 修仁縣□縣

葉康　葉寵 廣西按察司經歷

夔懋 山根人比流縣知縣　吳大豪 西隅人建昌縣知縣

吳安 下管人武進縣丞　吳繼翔 建昌縣主簿

葉春 高州府通判　吳伯儒 西隅人昌化縣知縣

周杲 東鄉縣教諭　葉文溥 崇府典儀

陳璋 下管人　葉相 分儀縣訓導

羅軫 周墩人鈞州同知　周相 周墩人

陳裕 下管人台州府教授

隆慶

姚文銓　吳比

周鵬舉 恩選西洞人　吳述 下晉人無錫縣丞

吳盛 抗橋人光祿署丞

萬曆

葉孔舒 後田人元年恩選　吳淵 抗橋人

吳文翰 底畲人縣丞　吳予亶 上晉人

季良璣 西隅人　姚文溫 後田人中壬午舉人改名文溫

葉廷祥 東隅人龙溪縣知縣有傳　吳文淑 延平府訓導

吳文源 底畲人　姚文瀾 後田人永嘉縣訓導

李叔明 西隅人無錫縣丞　吳世魁 西隅人恩選羅州府通判

姚文汀 後四人　吳夔會 上管人恩選萊陽縣知縣

周時佐 周墩人永豐教諭　周一桂 周墩人武義縣訓導

胡泮 官塘人恩選高要縣訓導　周寶 西隅人於潛縣訓導

吳廷敍 淤上人常山縣訓導　吳滙 東隅人仙居縣教諭

吳敦倫 下管人玉山縣教諭　葉一陽

陳藎國 東隅人平陽縣訓導　吳芥 東隅人湖口縣教諭

[illegible]　葉[illegible]

泰昌

姚允元 上舍人思選 任蘭溪縣知縣

天啓

吳光第 東隅人思選 任海鹽縣丞

吳國紳 上舍人

葉威章 後田人太學 任[illegible]溪縣丞

周興祿 西隅人拔貢 任[illegible]鄉縣主簿

季時芳 西隅人湖廣 光州衛經歷

崇禎

吳崇昌 松源人思選 光澤縣丞

姚汝嘉 後田人援例 [illegible]州府訓導

葉廷神 東隅人

吳高薦 東隅人太平縣訓導

[illegible]

吳淑 西隅人

吳行可 濛洲人，貴陽縣訓導

吳高捷 東隅人，崇禎十六年貢

皇清順治

吳鳳翔 西隅人，恩選新寧州知州

吳自明 下管人，紹興府教授

吳逢昌 杭谿人，歸善縣知縣

葉馨燮 東隅人，歲選邵陽縣知縣

吳貞明 下管人，吉安永豐縣丞

葉上選 後田人，歲貢，中順天丁酉舉人

王錫[illegible] 竹口人，仙居縣訓導

吳王春 下管人，樂清縣訓導

葉聯芳 恩選滕縣知縣

吳世臣 下管人，桐廬縣訓導

吳麗明 下管人，授訓導

康熙

李時英 西隅人恩選

陳箴 下管人授訓導

葉穠熒 東隅人授訓導

吳美中 西隅人授訓導

吳之騏 上管人授訓導

吳于泰 上管人選貢

吳運光 下管人壬子科浙江中式副榜 八名拔貢

明例貢

吳克□

葉秀 後田人

周□

吳仁 會昌人鴻臚寄存班

吳承宣 西隅人

葉銘 後田人雲南都司正□□

吳承欽 西隅人廣東按察司知事

吳竹立 後田人長寧布政司照磨

周奎

吳怡 西隅人無爲州吏目

吳叙原 山陽縣主簿

吳穆 西隅人諸泰司經局

蔡芳嘉 長蘆鹽運司經歷

吳傳 下管人廣東瓊州府通判

吳仲 下管人陝西苑馬寺監正

葉養洪 西隅人將樂縣主簿

吴永[illegible] [illegible]人
吴[illegible]侯 [illegible]
吴廷[illegible] [illegible]
吴三[illegible]
葉自嘉 後田人
吴[illegible][illegible] [illegible]田人
吴晋明 下管人
葉[illegible][illegible] 後田人 明吏目
葉[illegible]舒 後田人 [illegible]

吴[illegible]采 下管人
周徽 周墩人大寧都司經歷
吴化 下管人
吴昆 杭橋人
吴翰 流播人鴻臚寺序班
吴尚明 下管人黄崗縣丞
吴鳳起 西隅人順昌縣丞
葉自超 後田人
吴[illegible][illegible] 下管人

葉斐然 東隅人　　周宗典 周墩人

姚振先 上倉人

皇清

季煒 西隅人南寧府照磨　　姚鐸 後田人

元辟舉

吳平 由人材

明

林存中 南雄府通判　　葉仲真 黔陽縣主簿

葉仁卿 福清縣知縣　　吳達

吳子榮　吳鈇

吳子逵　楊彥舉

陳禮宗　童德琰外童人博羅縣丞

童義方外童人　潘錦歷下管人涿鹿四衛經歷

吳河下管人順慶府照磨　吳滿雲南烏撒軍民府照磨

吳壯安下管人泉州通判　吳元輔

吳元益　吳佳

姚仲剛　吳子昇

葉得興工科給事中　吳鸞俱人封

元武職

葉國英 義兵萬户
姚桂 處州晉守禦萬户

葉德善 處州衛千户有傳
姚坤 平陽衛中所千户

葉德新 義兵萬户
姚彥安 義兵千户有傳

姚垠 陽和衛副千户
吳求 本府本衛鎮撫

吳繼廷 指揮
吳公轍 指揮

清武職

李茂 安協標下千總駐防本縣
吳爾賓 見授參將領守陝西陽平關

明援例

吴邦慶　吴叔定主簿

吴叢　練閑

吴堂　周德潭

姚佩　吴舟和鎮江衛知事

吴廷拱　吴文潤

葉世傳　姚守讓

姚啓善後田人守卿縣主簿　姚啓謨

葉廷禎　李時林

張孔正
吳思謨　上倉人
葉忠　東鄉縣丞
吳思讓　鎮江府照磨
姚大齡　後田人靖江縣丞
吳起英　下管人嬰衛參軍
吳登名　西隅人蘄州府經歷
倪登讓　淛[illegible]人城都府[illegible][illegible]經歷
楊應元
吳起鳳　下管人肇慶府照磨
吳思讓
姚守善　上倉人經歷
葉初華
吳漁
吳思訓
葉春奇
姚國珦　上倉人鎮江衛經歷
葉成章　後田人

葉常秀 水門外人 照磨

吳登朝

葉長芳 水門人

葉自章 後田人

葉自舉 後田人 典史

周良銘 西隅人 典史

周郁 周墩人 徐州衛經歷

陳拱暘 東隅人 陝西行都司經歷

吳守慶 西隅人 湖廣光化典史

周郭 周墩人

吳逢熙 杭橋人

葉春茂 後田人 大理府衛經歷

吳懋宣 西隅人

吳登嘉 西隅人

周時意 周墩人

吳承明 西隅人

葉春先 後田人 湘陰縣丞

葉資美 後田人 壽州吏目

季春蔡 後田人普安衛經歷
葉應曜 西隅人河南應天經歷
吳鳴鑾 下管人沱化驛丞司
吳宏江 西隅人廣州府倉大使
姚進泰 後田人
周言揚 西隅人
吳邦兄 松橋人
吳道嵩 後街人
葉甯脩 北門外人
鮑顯奇 上淤人
鮑一麟 上倉人授經歷
周攀龍 西隅人
吳泰階 西隅人潼關經歷
姚家棟 後田人南雄保昌縣丞
吳晉侯 下管人
吳榮先 下管人
周調陽
劉大用 周墩人

皇清

吳懋莊 上饒人海豐典史

恩蔭

宋

吳世美 以父昇授補仕郎

吳孝立 以父[illegible][illegible][illegible]官[illegible][illegible][illegible][illegible]

吳森[illegible] [illegible][illegible][illegible]承[illegible][illegible][illegible]蔭

吳[illegible] [illegible][illegible][illegible][illegible][illegible][illegible][illegible][illegible][illegible]二

明

姚[illegible] [illegible]父[illegible][illegible][illegible][illegible][illegible]尹

[illegible]貞白 [illegible][illegible][illegible][illegible][illegible][illegible][illegible]尹

貤封

宋

吴崇叟 皇祐元年以子毅贈大理寺評事

吴毅 以子恒贈承事郎

吴嶷 以子蕤贈左朝議大夫

吴彦持 以子莘文贈承事郎

吴世椎 以子淇贈迪功郎

吴詢 以子巳之贈承事郎

吴彦常 以子季賢叔封成忠郎

明

周大澄 以子鎮封河南布政司經歷

夏達 以子懋封南京留守司經歷

葉珠 以子自立封徵仕郎

慶元縣知縣程維伊纂輯

人物志

理學 忠節 名鄉 清正 文學 仕績 孝友
篤行 義俠 善良 貞節 隱逸 僑寓 仙釋

夜光之珠不爾孟津能產溢握之璧何必崑崙乃生慶雖巖封才亦鵬舉或高山斗之隆望或樹壇幟之令名或甘鼎鑊而如飴或顧蘢翟而無愧且身依日月以著績行飭簠簋以宣猷以及閭巷之高誼與夫閨秀之奇節事皆足法名弗可湮秦漢以還闕焉莫考爰采而下炳然可觀考核是嚴爰彰一字之華袞

品行類著長繫千載之歌思志人物

理學

宋

吳庸少穎慧博涉經史常鄙章句學以道統爲任登熙寧丙辰進士賜名伯舉初任江州右司理累遷中書舍人知制誥龍圖閣侍制學士贈少師著作甚富有明性集發微正論爲士林宗鏡

王懋麟字伯厚秉性剛正有古大臣風登嘉定戊辰進士開慶間充讀卷官至第七卷頓首曰是卷[illegible]

諭若龜鑑忠肝如鐵石臣敢以得人賀選舉第一乃文天祥也尋轉給事中以忤旨遂挂冠歸故恨講學執經雲集著玉海集四書論語孜異闡發洙泗之微後學得其指歸

忠節

宋

吳競字貢仲政和壬辰進士寧會昌建炎丁未潰兵楊勍自浙東寇會昌民遭殺掠官兵莫制競挺身直抵賊營諭以忠義賊以刃挾之競厲聲曰吾頸

可汝吾身六屈賊感悟即以所掠婦女還饒給還
民間聽招撫宣諭使劉六中奏饒忠勇擢處州
府判民感其德祀鄉賢

吳樞字時發幼穎奇無嬰兒戲態長登政和壬辰進士
亮直忠勇以節槩自許靖康初募有能使金者樞
毅然請往至金惟長揖不拜正色厲辭金人怒燒
鼎欲烹之樞愈不屈金人壯之遣還適巨寇葉儀
作亂樞往招撫儀聞樞名解甲納降至今人頌不
替祀鄉賢

明

吳南明字君治崇禎間任湖廣黄岡丞時流賊數十萬所過郡縣盡破適縣缺令人勸之去明曰吾職雖卑忠義則一遂率兵民固守月餘糧盡城陷被執不屈賊怒割其鼻并兩耳愈不屈截其左手血問死地賊退牢日復甦歸家二年卒

名鄉

宋

陳嘉猷字獻可生三日即能言家缺炊猷指叔處假

之火以告叔々以爲誑往視果詰叔曰叔假戒米異日以祿偕儐衆大奇之爲兒戲置機几上坐之見叔至跳而下叔曰三跳々落地叔應聲曰一飛飛上天數歲日誦千言登神童科貞白端嚴有經濟才累官至吏部尚書

胡紘少警悟貧而好學無置書幾有歎者求售讀適選之鄉成誦由監生登教官科宰邑有聲擢監察御史累遷吏部侍郎出爲廣東經畧使朝野帶[illegible]

吳淇嘉定甲戌進士累官户部侍郎時相欲以淇爲

監察御史洪以臺諫不宜出宰相薦舉抗不撓戒
忤當道出知南劍州

明

吳瑁端直寡欲器度閎遠擢山東監察御史勵清節
肅風紀聲著臺端

清

宋

吳畀熙寧癸丑進士教授夾州學士翁彥深知其名
謂之曰以先生學問操行今稱上流繼不大用宜

居太學之選以範多士奚爲遠處湘湖哉昇笑曰吾道其窮乎求耶他日出一書示彥深曰吾欲以此書干丞相范公也深怪其前後語不相符及私一啓其書則以大義責范公不能用正才以興起太平徒取法度紛更之語其清操如此

吳懿德字夏卿嘉泰二年進士知新會縣時邑民狃於訟瀕海多盜縣不能制懿德至實心撫字民感浛埔邑例新令至有給由錢受訢謀有贈息錢一切罷去以廉介有聲遷廣州通判未任而卒

日書於冊曰平生薄宦身憂凍餓一念不欺一介不取嘗祀吳隱之於縣東邑人以其廉介無愧遂合享焉

明

吳仲信幼穎異淹貫經史永樂辛卯科鄉薦授泉州府判治聲大著及歸行李蕭然有鬱林載石之風

吳杰少勵清操亮直有風由歲薦授刑部主事以年老告休居鄉端厚著望後學宗之

吳潭字源潔家貧好學有懿行嘗治乙卯科領北直鄉

薦初授常德府推官進吉安府通判居庠時有鄉人挾銀五兩至縣繳糧過錢歸橋墜水其人欲赴河死潭力阻之携鄉人歸揭債以贈潭嘗心疾有年形甚羸忽一日途遇一叟授以二丸潭受之頃不知叟所之始知為神仙常德時命同中貴監造藩王府餘金數千中貴欲共隱之潭不從隨白於部一時稱其清介

吳倖字介卿性厚行端讀書有大略歷廣東瓊州府撫黎通判黎尚叛服不常特為之興學校教諸夷

禮及廛市館舫法黎感悅歸服者三百餘嵩同瓊崖
甚窩尚匏笠俸旦暮祝天不敢一錢自欺民歌曰
人道我公清似水我道公清水不如時汛兵叛當
道東手俸曰此國慮也毅然請往平之解組後民
懷其德猶鄰寄國慮無復詩歌於其家許見黎波

經始傳

文學

宋

吳毅天聖甲子進士性格簡重操守清正仕至大理

寺評事以文章名世時人稱其補天有手挾月多
才
吳轂景祐甲戌進士授濠州知府其才名與兄轂齊
稱詩文行世雖殘縑剩幅一字一金時人以二難
稱之
劉知新字元鼎少警敏淹通經史長游大學大觀庚
辰狀元及第知綿州政尚慈祥所著詩文多士奉
爲軌範蔡翊曰讀元鼎文如拾璧藍田觸手盡琳
琅之寶爲時所重如此

吳彥申字聖時幼篤學日誦千言父桓爲長興宰卒
於省申廬墓三年登政和壬辰進士人稱其學綜
百氏文成一家詳見其甥李綱所撰墓誌文
吳己之性敏慧倜儻宏博凡詩文詞賦咄嗟而辦瑩
寶慶丙戌進士授杭州知府治理優裕每登吳山
天竺諸勝吟咏竟日風流不減樂天
吳松龍讀書多創解下筆自成韻語登寶祐丙辰文
一天祥榜進士授松溪縣尉雖居下戢文章價重當
闕

明

姚珙　敏警卓絕，名流共推。明國初人文寥落，珙獨銳志儒業，遂以文章驚人，登永樂乙酉科，文風爲之首振。

鮑畢　少即希古，及長朗達，有儁才。永樂甲午鄉薦，乙未第進士，授禮部儀制司主事。所著詩文，標的當時。

趙樞　登永樂庚子科，授四川雅州學正。工於詩，體格獨宗漢魏。

吳仲賢居深山矯々拔俗博該墳典善屬文詞義高
理暢庚子科與趙樞同榜才名並譟當時
葉祥永樂甲午科鄉薦問學淵博文詞典贍嘗講學
石龍山下名士多出其門
吳譽頴識通達體器宏簡父源領癸卯鄉薦譽讀父
書力銳思沉邃以儒雅名登成化辛卯科才華爾
若披錦士林共法
吳述字景明八歲牧牛過里人陳龍峯先生講學處
竊聽心喜遂向求學陳難之適有負耒者至陳試

以對云舉夫大述應聲曰折高栽陳奇之遂授以學才思英拔命校練文義内歲薦授無錫丞陞盧州衛經歷多政聲狀元孫繼皋贈以詩有佐政能齊卓攜文欲並蘇之句所著有東軒集四卷存存集六卷

姚文焻字鳳竹童牙稱奇稍長高視遠聽居百丈山揣摩舉子業三歷寒暑每臨文如萬斛珠泉滔滔不竭萬歷壬午領北直鄉薦累官順慶府同知所著北遊草文章正軌二集

仕績

宋

吳桓熙寧庚戌進士宰長興清慎勤恪政以慈和爲先民歌曰召父杜母知何在今日復見長興宰吳卒於官民皆巷哭揚龜山先生有傳

吳椅嘉寧戊戌進士授韶州知州治尚寬簡民有抑不伸雖三尺童皆得訴白久之民化無訟

明

劉倅少負大志從父遨遊入廣西儀衛司籍登嘉靖

己丑進士授行人應對莊雅朝野著望

吳亨鳳顏標徹淵通有識由恩貢授同安縣丞陞將樂知縣居官英敏宏達境内大治

周翰自舞象時即名喧鄉邑及長英拔名流以明經授河南鈞州同知敬慎廉明凡有疑獄不决者片言可折吏民咸頌其神

吳慶會英資濬發爲名流所推由選貢初授平南令再補漢陽縣英明果斷有政聲以觥觶左遷藩理

録

孝友

明

楊泮字肇卿九都人弱冠入頖事母竭力始終不替母病焚香祝天請以身代割股療之終身不離母側母没哀慟流血數日絶食墳土皆躬負廬墓三年母素畏雷每風雨往墳哀哭

吴儀字若思西隅人事親至孝親没家遭火衆競取財物儀號二柩側遇人哀泣曰財物任取幸爲我救存二柩衆憫之齊救獲存

吳相字汝弼西隅人母丘氏遺腹而生甫長克盡子道母故哀毁若節躬詣司府陳其事當道核實以聞詔表其閭

季叔明字正吾好學多才由明經任無錫縣丞以母吳氏年老告歸母年九十七寢膳不離晨昏自浣在家故事母卒明年七十三哀傷絕食幾毀性當道旌其閭曰純孝孺慕于時芳由恩選宦遊中州有政聲歸林三十餘年刺史周公茂源嘗造廬不請次子時英亦恩選後昆蔚起皆其純孝所感

篤行

明

吴文狷介有守授上海丞以節愛稱致政歸里有不給者輙周之壽七十終

吴節純謹雅重鄉閭共範授新建丞月餘告致逍遥

林泉人咸服其清高

吴賛字良弼朴簡端嚴孝友丕著宰連城清介自矢歷官三載一錢不取謝政歸結廬龍山下二十年無私謁識者多之

吴伯齡字子仁性敏好學動必以禮正德間市失火齡拾得金髻詰朝訪還其人通判汀州有政聲及歸行已端潔爲一邑表望

吴儒字珍鄉序班鴻臚寺聞父訃哀慟欲絶淚竭失明以鬱疾卒於官太倉王錫爵聞而悲之作孝子銘以表其墓

吴裡純恪寡言和而有介佐宿州二年即謝政養親以孝聞宗族有貧者周之家居三紀不干有司爲鄉評所重

義俠

葉仲儀西隅人正統庚申大荒儀詣闕輸粟一千五百石賑飢詔旌義民賜宴大宮殿成化丙辰又荒儀仍輸粟五百石詔賜冠帶授七品散官已丑知縣余康建學偕弟仲玉姪汝寬助金三百兩

吳彥恭六都芸洲人正統庚申大飢同葉仲儀各輸粟一千五百石詔旌義民

周公泰周墩人成化戊戌大荒泰納粟一千石賑飢有司詳其事詔旌其門

吳克禮西隅人朴素自持正德時上粟冠帶損
金二百兩磚砌縣道縣令陳澤於其門曰尚義
葉荷東隅人秉性渾厚尚義好施九都竹口街衢崩
毀獨捐資磚砌往來頌之
吳叔寅慷慨樂施市失火拾得釵環次日訪還失主
萬歷二年飢田租悉蠲不取
吳沛庠生吳邦鐸之父公直好義時塩商騰價害民
沛毅然愬於省、幾二歷寒暑勞苦弗恤多捐已橐
及蒙院司批准已引納課塩害始除

此稿不清

吳道揆字汝濟下晉人天性孝友尚義輕財嘉靖二十五、二造城奉文賣慈照慈相伏虎三寺田充費揆納價四百餘兩田仍歸三寺僧衆感恩每歲三元日脩齋薦之又萬歷元年捨田三十六畝入學道府旌其義且賑飢濟貧建橋脩路口碑載道家以敎忠垂訓、、倫倖伸皆居官有聞創垂莫大焉

吳溥通判吳世勲之祖少業儒以古道自期有族姪適糧受刑溥以白金一百五十兩子之姪廢業以

償溥不受年七十親友有為壽者溥曰吾少不顯揚老無樹德安敢言壽識朴讓厚其性然也捨田四十畝入勝因寺僧衆祀之

吳塤通判吳世勲之父以孝友聞不為利疚堂叔吳怡乏嗣諸猶子爭立塤應承繼孀姚氏奔役子之塤曰古人遜國豈異人事堅遜不嗣姚氏分金三百兩弃不受

李廷瑞字于祥西隅人賦性明敏涉獵經史事母敬養備至於友戚人里族皆為之化

吳鳳翔字鳴陽謹訥寬和與物無競由恩貢授廣西新寧知州俗稱難治翔下車不事刑威崇尚德化翕然大治以親柩未厝力乞休致

吳逢昌字起明由恩貢授廣東歸善知縣常俸外不漁民一錢頌聲載道歸家日橐垂如洗寒暑無資黨族莫不憫其苦而高其節

吳王春字天玉風度雋朗敏給多才由歲薦任樂清司訓坐氊雖冷文魄愈強課士之餘流覽雁宕龍湫諸勝其超奇曠逸之致悉達於詩告休日多士

揮滌以送家有園回日涉時集故舊作文酒遊郡守張公懷德慕其名特以大賓席召時論榮之

孝友

明

楊泮字肇卿九都人弱冠入頖事母竭力始終不替母病焚香祝天請以身代割股療之終身不離母側母沒哀慟流血數日絕食墳土皆躬負廬墓三年母素畏雷每風雨往墳哀哭

葉儀字若思西隅人事親至孝親沒家遭火衆競取

財物儳跪二柩側遇人索泣曰財物任取幸爲我救存二柩衆憫之齊救獲存

吳桓字汝弼西隅人母丘氏遺腹而生甫長克盡子道母故哀毋苦節躬詣司府陳其事當道核實以聞詔表其閭

季叔明字正吾好學多才由明經任無錫縣丞以母吳氏年老告歸母年九十七寢膳不離褰㡡自浣如石家故事母卒明年七十三哀傷絶食幾毀性當道旌其閭曰純孝獳慕子時芳時英領袖群倫

篤行

明

吳文狷介有守授上海丞以節愛稱致政歸里有不給者輙周之壽七十終

吳節純謹雅重鄉閭共範授新建丞月餘告致逍遥林泉人咸服其清高

吳賛孚良弼朴簡端嚴孝友丕著宰連城清介自矢歷官三載一錢不取謝政歸結廬龍山下二十年無私謁識者多之

貞節

元鮑氏葉德善妻至正間德善以仗義勳授處州千户殁於官時鮑氏年十九無子誓不再醮勤紡織以養舅姑始終敬養家雖貧苦節愈堅至洪武三十年邑耆老姚仲安詣闕　其事下有司覈實以聞賜詔旌表

明

丘氏吳慶妻年十八夫亡哀慟欲絕數日不進粒舅姑以遺孕爲重論之乃強而起有豪右聞其色謀

娶之丘斷髮自誓豪計寢由是獨卧一樓不履閫外敬事舅姑無怠志年八十終嘉靖二十年縣正陳澤給文付子吳相赴闕上其事奉詔旌表

吳氏姚信妻年十九信亡無子家貧勤女工以自給誓不改適節勵氷霜年九十九卒

余氏秉宏妻年十九夫死遺孕數月堅志守節雖饘粥不給終身無憂喜色年六十五卒縣令陳文靜旌其門

吳氏姚贊妻年二十夫死貧苦自守始終無二志

九十卒縣令彭适旌其門曰貞節

季氏吳塤妻年二十三寡以栢舟自誓撫諸孤辟纑佐讀有和丸畫荻之風戊子水災一隅漂沒獨其夫柩無恙人以爲節孝所感子世銓世勳仕廣州通判孫鳳起鳳翔人文秀出餘慶方隆

葉氏吳化妻年十五適吳〻肄業南雍得疾歸至伏簀日語葉曰吾死後汝善擇適毋自苦葉泣曰君不幸誓以死從夫卒自經求[illegible][illegible]次家人嚴守之遂絶食七日一慟而絕時年二十縣令以其事聞

立詔旌完節坊在下管

國朝

貞女葉養姑許配下管吳良彩未合巹良彩已死持女年十六赴吳喪哀毀成禮遂堅志守節父欲奪其志女引刀自刺血濺悶地舅姑知其志堅乃立嗣子家貧如洗饘粥不給日勤組織市粱粟以食舅姑年七十餘步不出閨邑令鄭公驗其眉搓圓驗其齒完固益敬禮之一日謂諸孫曰昔良人死吾非獨生設當時以死從死誰則以生撫生吾既

以心許死者以身撫生若六十餘年辛楚備盡若

輩俱幸成立今而後可以見良人於地下矣言訖

整衣端坐而逝遠近聞者皆賚酒奠之御史楊旬

瑛題其門曰貞心壽世詳見流香集

楊氏吳德芳妻事姑至孝姑病篤告天請代刲股療

之邑令詳其事各憲登旌年二十四夫死堅守氷

霜紡織自給教子孫俱有才名壽八十節孝可風

吳氏年十九適葉洪章一載章亡堅志操守四歲姪

觀生承祧撫養成立孀居六十餘年不窺外户屢

膺憲獎年八十八卒嘉靖[illegible]歲[illegible]扞寇壞觀生夜
廖母婦爲曰吾[illegible]宦[illegible]移即改葬九都觀生[illegible]
廖母曰吾居此待於矣汝弗憂其精爽不泯如此
烈婦葉氏吳恭妻年二十七夫死守節孝事祖姑
時山寇爲亂葉避葉泣曰八十祖姑病篤
豈有[illegible]遠去耶葉吳氏一塊肉不可蹈不測隨
攜幼兒寄外祖家藏至葉被執賊見其色欲犯之
葉嚼血噴賊上怒劈其頭顱罵不絕口而死知縣
鄭國位旌其門曰節烈渾全

隱逸

明

葉瑗字仲美少穎悟博綜經史年十三即蜚聲邑庠逾年領鄉正統辛酉試棘闈以制額限遂棄舉子業日與其徒遨遊山水築室薰山下琴書自樂終口不諱世事卒年七十著有薰峰吟五卷

僑寓

宋

王伋字肇卿原汴人建隆時其祖詁議王朴金雞[illegible]

後二十年必差衆排之携伋賑居江西伋因鄉舉不第遂精管輅地理之學遊松源見山水秀麗遂家焉祥符四年壓母舅劉氏於蕭山下記曰魏墾坑口望蕭嵩黃蛇捕鼠是眞龍但看七寸安正穴四柱擎天將相峯若問子孫官職位寅申巳亥羅英雄至大觀四年劉知新狀元及第乃其驗也歷遊衢信八閩諸郡卜兆多獲福人以地僊稱之著純仁跋之曰先生通經博物無媿古人異乎太史公所謂陰陽之家著矣著心經篇問荅錄行世

明周顥字仲昭山西澤州高平人永樂十八年由貢
學授慶元縣丞歷九載清勤慈惠卒於官父老咸
感泣曰顥爲百世父母遂塟於竹溪之源其子今
榮因家焉今庠生周之鼎即其後裔

阮廷貴四川永州人正統間由太學授慶元縣丞歷
任數載務惠政士民感之遂家焉

王功字武功仁和庠生清峻端雅通易書詩三經謝
晰精微崇禎間避亂至慶設帳講學多士皆出其
門其子繼遂家焉

僊釋

馬氏三女僊五季時華亭人也至德中父攜母與
男一女三避亂處氏有弟從焉次温州父死於[illegible]
洋即葬於其山服闋過青田縣十三都七里渡次
女墮河水迅莫能救去之尼菴駐足一夕母夢次
女曰母居此倏出世法無庸也栝有山曰百丈盍
往結茆鍊性但患鑠志不堅耳母覺念次女已[illegible]
夢語可信遂同二女問道至百丈山見山多奇勝
歎異之遂誅茅結室爲脩鍊地后無幾忽次女從

空下母驚愕曰若墮河死矣無從泅至此女回曰溺水至七里口援欅枝抓岸得活覓食鸜鵒村中盧翁慰兒曰若尚少無慮共四姊孟留我家從女長爲吾兒婦得所矣兒勤紡績致事而已庚申秋飢出趁紡晡冋途遇老翁援兒丸藥服之覺身輕及渡翁以雨蓋置水上爲航載兒會有貨花藥姥者能爲異呼曰翁渡我不忘恩德遂同載亦得傳僊術次年七夕兒於屋後牛頭嶺向日揶擧毋開之喜甚女以丹實茗甌奉母母未飲俄有雀遺矢

中之女歎曰毋無成邁矣會歲旱三女蜀盧異下山茶邑令預刻日時能致滂沱雨邑令詣山請之及毋死塟於山之西樹四面水繞老松倒垂如幕有松溪邑令入山見三女色欲強娶之女詒曰汝能一晝夜從縣砌路連此山即從汝令趲工匕之女見其路成遂自山飛昇去今巖上有剪刀鋏臺履跡石痕

吳十公下管黄坳人宋時樵於僊桃山見二叟弈[illegible]其[illegible]

朝及歸已春秋三變矣世無所遇者僊也憾亦叩還丹訣復往舊處但鳥啼花落而已呼之輒應聲在百花巖上遂窮其巔結廬居焉幾二十餘年一日見馬僊面壁而坐公躡竟日僊鑒其誠授以罡訣後坐化石上至今石上有鈴不痕跡歲旱禱之輒應

范公二都人宋時充縣隸因令尚酷刑公以葱貯血私製杖上救活甚衆一日令見公步離地尺餘究其故乃以實對大異之遂至松溪白鶴山修煉功

成頭冠石白岡至三[illegible]烏黟山飛昇去至今鄉人禱應如響

吳土主名十七郎五代時仕閩為諫議大夫得異傳幻術居松溪遂應塲既沒鄉人立祠禱求多應正正間有賊犯境鄉人禱神兆吉率衆拒之賊見兩山兵幟甚衆披靡大敗斬獲甚衆今遂應塲吳遊即其後也見松溪縣志

人物志卷之八終

慶元縣志卷之九

慶元縣知縣程維伊纂輯

藝文志

核是非於董筆義取精嚴錯繡紋於江花詞工富贍欲垂事蹟必假文章傳金石之清音灑光楷上撫風霜之奇字振采編行志藝文

建慶元縣經始記　富嘉謀

處統縣有六龍泉距處爲遠而鄉之松源距龍泉爲綦遠地居浙東之極中高而下下流水四注而湍急

其巉巖之峯谽谺之石竜立於甌南閩越之交嶺複
而益峻道隘而益險有戶萬計顧爲邑者有年矣其
居幽遠足蹟未嘗至縣有不得其所者令有所不聞
故豪民之武斷賦役之不均訴訟之不平其能自辦
於令之庭乎慶元丁巳民以狀白府請以松源一鄉
益以延慶鄉之半聽置爲邑聞於郡刺史達於朝時
冬官貳卿胡公紘松源人也爲丞相京祁公所推重
首言建邑便祁公深然之冬十一月詔可錫名慶元
宜得才智士經始之乃不以嘉謀無似俾之首膺其

丞相大耆燕頴以鎮茲土始鑄縣印俾嘉謀躬侗而往越明年三月既望至是領累山水宜爲治所者擲薰洋平曠而殊勝剗地宅處中鎮以龍山印以龜從遂卜地於茲建縣治若迎詔頒春若庚釬圄不咸具丞廨在其東尉廨在其西縣學在其北邑之内植坊一十七所乾之維則有社稷以春祈秋報坤之維則有教場以閱武治兵乃廟司城於東乃橋廣渡於西乃闢山通道於福而行旅者得由坦道乃闢地鑿崖於安溪而入邑者樂出其塗皆山經地志之所未

有時松源之官賦積逋者一萬有奇嘉謀請於郡太守趙公雍予其半蓋之故其成蓋速民亦樂輸而爭先嘉謀非智創之才凡十有二月而從今治方析邑令下咸謂鑄創之事古人所難今備材不素雖用民力耀歷險而營成時有木數千章在深山窮谷既巨且良天又不雨一夕暴流漲溢筏蔽溪順流而下亦異矣而天因嘉羨豈因里然豈謀才所能集天實為之也嘉泰元年十月既望記

築慶元城記

陳柏[illegible]

春秋凡城必書志譏也如城中丘城郭城楚丘之類是也然則楚令尹孫叔敖城沂非歟又曷爲褒之[illegible]其不傷費不違時不專封故平板幹稱畚築程土[illegible]略址基其溝洫度有司事三旬而成所以褒之也[illegible]雖小邑地界閩浙之間爲盜賊出入之區其制書[illegible]東南之半平川陳先生甲辰莅于茲己巳春首事以[illegible]寇再熾餘黨人謂一方爲安先生曰賊平一時寧[illegible]然匪城則發罔與守非備則戒罔知懼[illegible][illegible][illegible]土[illegible]

俾之以爲久安之業乎通閩諸當道議可以察寺貲償傭力爲之不踰年而成樓廡門廊延袤洞房如式巍如金十日爲矗然粉墀炭然煌煌哉百里之壯觀也夫用取諸廢寺則費功倍乃取諸僧值則時約矣謀協諸當道則封不專其莊貴孫叔敖之選歟在茲秋當大書以予焉者也先生今內召秉政有日將且以禮治天下辨尊卑明貴賤別等威以杜絕凌僭之無刑之隆學崇社之基此又先生守護之大旨今之記豈徒哉嘉靖庚戌三月

重脩儒學記

鄭師陳

國家法古圖治建學爲先以故天下郡國州縣莫不有學誠以學校爲陶鎔之地賢才之所由出也慶元隸浙東爲括蒼蕞爾之邑宋寧宗慶元三年始建學奉祀有廟講學有堂諸生齋舍會饌之所靡不具脩正統丙辰秋邑侯鄭公晏判簿王公亟以聖賢塑像已久塈加藻繪田廊繚垣增以粉飾由是其功克全先宋令富嘉謀叙於縣西之瀆田上村元季厄于兵燹尋知縣馮義復興舊址國初以來寢於栽葺迨十

四年復縣治知縣董大本卜於譙門之東地勢平曠厥位面陽厥土而剛然歷歲愈久不能無傾圯之虞宣德丙午冬知縣羅士勉教諭宋觀進繡衣王公郁爰始規圖命匠起造戟門闢兩廡櫺星暨坊門一皆咢建越五年庚戌夏余來典茲邑教見文廟講堂諸生齋舍榱楹簷節俱已凋朽剝落隘而且陋何以先樽俎而振文教乎於是謀諸大尹程公義和等異以克合遂白繡衣三山張公此其時也嗚呼功之巨成之必難鑒之前古以至於今作者非一人述者亦

一手今日之所爲　繼前人所爲其所以繼今日而爲者又有望於後人繩繩相繼庶不負前朝崇祀之典興學育材之意也時正統三年三月

詠歸橋記

慶元山水之秀也萬山挾源一水環注界乎縣治西北學宫之南而凡遊宦之車馬市民之携挈行旅之擔荷皆越是溪椎筏竹代渡而已至於春夏漲浮奔流跳浪爭趨疾渡者有蹴踏傾覆之患費宫師儒徃來旰夕其慮尤切天順庚辰秋欽差中貴臣羅公常謁學宫尊崇聖化視其溪阻謂衆曰水有橋梁民不患渉亦王政之一端况學宫間阻而勞師儒筏渉乎遂捐貲掄材鳩工伐石邑之民士歡趨樂助經始於

是年八月落成十二月也長跨若干步横架四十一間高結簷牙以蔽風雨所用緡帛動以千計倚勢吞波鯨飛虹卧是以車馬之行携挈之便擔荷之安而無戰蹈傾覆之虞皆公賜也師儒來遊來歌恍若風乎舞雩之詠因題其橋曰詠歸慶元知縣張宣等來請曰昔汴州作東西水門而昌黎有記鄭州作東亭而宗元有文今按節斯土肅清王度橋梁既成頌公之德非文何以傳後乎予塞其請而記之使百世之下因其文而推其德莫不知公之所以利濟斯人者

千百世而來父也天[illegible][illegible][illegible][illegible][illegible][illegible][illegible][illegible]年

竹口公館記

夏浚 副使

慶元素號難治，多盜亂，豈其土使然也，無亦失其道所以示之義以立民極者有未盡歟？前此巡坑惟責之縣官，兵憲副使沖庵歐陽清乃用議者，使郡僚一人專領其事，開署竹谿以蒞之。蓋竹谿尤慶元要害，爲龍景政松浦諸路之衝，於此設官建治，控御聯屬，閩易惡遷善之幾，豶牙童牿之道也。嘉靖乙巳春，盜大猖獗，知縣陳澤督僚親兵平之。會浚奉命備兵浙東，行部至郡，澤以職事來見，因詢之，曰：平盜非難，必也使無冤乎澤對曰固司牧者之志也遂宣白前議乃謀之分守少參葵峯黄公光昇請於代巡龎山高公懋撤同知文章以往立保甲法脩武備懸軌物遂營竹谿以事上焉而民聽不濫告厥工成曰顧有以記之以終司牧之議

濟川圖賦

沈維龍

甌閩分土松源誌鄉漢魏兮追溯唐宋兮啓疆宇帝[illegible]禹氏族方張人繁物夥山迴澤繞之鍾其瑞氣亘齊蒼人赫厥靈豹隱鸞翔落霞帔陽推谷岸嶼聳其堂陸前白蓮後白鶴旃檀拂於阿曲迴若天馬崇崿於霄漢冠頂巍峨於亭毒積源於層巒重疊之嶄迸泉於削玉懸崖之隘觸石賁綺怒濤奔泓然後滙爲清泚轉爲迴瀾分燕渚出龍潭千溪萬壑而西爲赴海之湍此濟川之可[illegible]而遡也迴龍內扁捍門鎖黛

東曰仙桃茂之[illegible]志黄公進之羽化昇冕寄乎僊踪
西曰薰錦對峙並巒異縈廻乎天伏三橋案於長空
南垣聳文筆之奇輔疊頓捲旗之峰環四面而揖拱
合二水以朝宗其土則丹青白堦其石則砥礪珷玞
其卉木則蕙茵蘅欄射干芳蕤其異類則鷲鵰騰達
謝豹鵷鸞衆物居之不可勝紀其遊觀則曲欄危榭
怪石芳池雲承綺棟霓奈繡櫳清泉湛於中庭內芝
産乎莓籬情暢意怡東臯西畦原隰曼衍篝簍潢汙
蔓蓺黄雲秋盤高庾時璮進修髓斂佩珠璣清風瀟

至旌譚揮塵[illegible]方之　俊峨章甫而曳華裾摛章染翰錦心綉語此都雅悼大之高致也望濟之名宗貴士有之朝紱暮誦家詩户禮執讓攜謙策勛帝里聯軒結駟此人文彙征之盛作也望濟之儒紳俊髦有之四衢九達跨闠帶淛白叟黄童雁行臚列男舉趾婦辟纑宛丘之鷺羽不櫨懷春之吉士何慕敦本尚行相友相助晏息蚤作株守其户此淳龐古始之遺俗也望濟之父老子弟有之於戲斯民也時澆獨醇時究獨覽豈其本性之殊異夫亦風氣之相沿嘗悲

蜃市之樓臺不久，瓊璃之盎甀不堅，時洸時宄，孰與至濟之葆麗，抱樸而嗚嗚乎擊壤之堯天。歌曰：高岫兮神棲，危甍兮銅鞮，素封兮逵畦。鳳異苞兮麟異趾，芝有苗兮椿有黃。溪合碧兮天上下，山憑空兮月東西。後豐嶙峋兮絲綸殊，蟄龍蚴蚪兮雲雨齊。樹德兮發山川之靈秀，人傑兮際元會之昌期。

譙樓記　　熊懋官

臘月二十四日時漏五下方徹火起自西隅逼近縣廨之右予披衣起索冠對火九頓并禱諸城隍之神祈默佑焉時西北風正熾揚燎冲舉不可撲滅時將延於譙樓樓側一民居急號人毀之緣其家構亶屋而多藏勢難遽拆未畢數椽而火已及仰盼譙樓煙光輒起倏已無可救止祇稽顙申前祝而已俄頃間風伯息威燧人息焰隱隱悠悠若明若烕且有欲熄不熄之意予因而喜曰玆可以力救也遂懸賞格招

市人閞闢後之門汲水蓮池中且瀠且撲不半餉而火熄樓完僅燬右方之一角民間焚炬亦此待報止予始拜手而退自謂人力當不至此必神幽贊我也閒故日度修祀以謝二廟之靈隨蠲贖鍰簡執事鳩工庀材葺而新之幾一月而功成規制視昔益偉乎曰噫嘻茲可稱偶然哉夫息焰於方熾而樓賴以全祠毀於倖存而民得不靡則神之福我與我之殫厥心者實兩無負也萬曆二十八年記

遷學記　　何鏜[illegible]

今天子嗣統改元令天下有司務勵厲賢才崇[illegible][illegible]之化所在推行詔書德意於時浙東分守道參議[illegible]公行部過邑亨謁見廟學僻遠且廢喟然興嘆擬[illegible]議圖故邑令彭君與覆君偕上議以爲[illegible][illegible]君民[illegible]才先務慶固巖邑素有忠信往昔童科繼踵代著[illegible]人今茲希濶故所作興人文萃止宜於國中所宜遷建一也舊學須涉兩澗行往艱阻實生厭怠又嘗墻翰茂瞻仰凄落非所以興起肅敬而使之樂學於宜

遷建二也往昔橋多圮壞所費不貲今若堅緻倂力務
植舊宮半充新葺得永逸又鄙基廢舍址不他貿稍
葺裨補旬時可以底績所宜遷建三也況卜地兆吉
人心景從傾否亨屯實惟其會所宜遷建四也愚謂
以爲宜改建學宮於邑治東偏故總舖地不給益以
裁減邑丞宅舍又不給益以邑倉羨地且庀材故宮
度支橋費當不盈損帑藏而閭閻召役喧嘩可辦官
師宰宇四方嚮風宜無不可爲者書一通分守邵令
始下車輙可其議期竟施行之而邵理柱公講意移

往來叢田又時時推轂其事於是朱君蒞任郎吾上書願卒前議是學也南亘巾峯北負五雷諸山泉流環廻抱宮墻而北注大川滯遶於後龜石砥於中流龍潭滙於西麓巍巍洋洋誠風雨之交陰陽之所會也繫是而人文肇起鄉黨彬彬多文學士異時騰茂實以樹勳名將與上國比隆實惟今日始基之矣

槎溪橋記

鄭汝壁 兵部侍郎

慶栝巖邑也地當閩浙之交而八都離城二十里水勢洄涎盖水口所關爲邑孔道也舊有橋興壞不一正德間邑令何公鰲架木爲之至萬曆甲午歲水大發橋壞無存春夏之交溪流迅駛墊溺者衆往來病焉鄭公顧瞻興歎以此舉爲不可緩乃捐俸首倡而鄉之士民咸樂於助疊石爲墩者五每高二丈而濶比高之數鋪其上覆屋三十七楹甓甃精密結構堅固民有攸濟矣橋成走使徵余爲記余曩遷官之閩

逌經松源覓其山水明秀意必有異人出於其間及稽載籍在昔巾山獻瑞佳氣浮空若彩橋然以故狀元劉公知新尚書陳公嘉猷後先崛起熖然至今有聲邇年以來因橋輙壞風氣不聚人文寥寥有由然矣是橋之成水口有鍵多士生同其鄉足稱俊雅又得公而振作之豈無尚有紹述之思繼二公而興起者乎信有之則古云地靈人傑非虛語也公其大有造於慶哉

張大夫記

張大夫治慶甫踰年擢守真安去慶人聚族而祀之屬記於文懋以懋知大夫深也懋聞古制凡有於民者則祀之志報也大夫之廉之明之惠難以而要其至大者莫若爲麗鹽包引納課之一事慶元僻處萬山舟楫不通凡商鹽到慶多以脚滋害民間且鹽擦散鹽户逼取盈價於鹽户償大夫目擊民艱親詣鹽臺陳弊願免官以姓害鹽臺可其請送每歲以慶元三百七十五

原稿不清

納課銀四十一兩八錢二分永免同人置賣聽附近官塩□買就食此法一行上不虧賦下不中不累商慶民不□出湯火而登衽席此其功生誠沒世而難忘者也若夫罷里甲輩火耗

財用真若慈母之於赤子寒而絮餒而哺蹶原稿不清□□罔極以故民喜其來憂其去願伏闕借寇千百計臺□上其狀以格於新例不得請無何安之報至矣士民計不如所出去之日深山

祖筵驪歌三疊自僚屬以至厮輿無不流涕父老
贐金佐道里費者大夫卻不受攜擧一觴亦嗚咽不
能勝與當年劉寵事千載如一轍呼亦難矣哉於是
鳩工飭材肖像樹碑葺墻垣飾堂宇而又爲之置
產以垂永久凡以報功報德於無盡匪直識去思而
已也嗟嗟令之銅章墨綬稱長吏於一方者豈少哉
在未必留去未必祀異其留者見在之民心也崇其
祀者去後之民心也見在之人心易得而去後之人
心難是由去後之人心以驗見在之人心而知其無

之也既勤則其留之也非强大夫操何術而得如此哉他年慶之人或苦於刑罰或迫於徵求必且奉香泣想於大夫之祠曰吾民也安得有如我公者而覆翼之即後之宰慶者亦將曰前事之不忘後世之師也安得不以公之撫循者而撫循之然則是祠也豈直歲時伏臘之祀哉殆將有望於後之紹美大夫者也大夫名學書字善政亞宇其號也廣西平樂人邑諭舉人龍游葉文懋撰

邑遷儒學記　　胡若宏

新建學宫於龍日門外城隍廟左崇禎四年十一月伊始也粤考慶志學始於宋慶元三年在縣北瀆田上村迨洪武十四年遷縣東龍日門外與今建地相去半里許天順間仍遷瀆田後嘉靖初築邑城學隔城外二澗相阻有詠歸橋屢爲水决隆慶三年乃請移城内舊址麗水何公諱鏜記文甚悉迄今天子嗣統二年巳巳仲春余來署學不惟衙舍鞠爲茂草聖賢明堂啓聖僅存柱立余目擊心寒誰非名教中人

奚忍令其荒凉至此乎越明年庚午秋閩達江陳公諱國璧新蒞茲土甫下車不勝嗟嘆不旬日即圖之葺因觀學址地勢卑下譙樓高壓居宅逼人兼以圭叢林障蔽朝秀所以人文寥落青衿數不盈百抉異之不靈可知矣遂遍擇佳址惟有城隍廟左四山聳左右文峰揷漢眞泮宮佳地也與其因舊補葺爲聊且之計何如更新遷建而垂永賴之圖乎於是請於當道分守姚公諱允濟分巡王公諱庭梅[illegible]撫陸公諱完學[illegible]公諱[illegible]俱咸報曰可[illegible]

[illegible]侔經始莘圖邑士民協心矢力衆毛成裘不
[illegible]遂旁之禁且任事一十六人吳廷茂周世紹鮑德
[illegible]葉觀生吳汪吳道光吳道文吳邦光姚國彩姚從
明葉啓昌葉春色葉任生吳逢烈葉春郁陳光大等
鳩材督工勤勞公務至壬申暮春告成
聖宮視舊殿高五尺餘周圍濶三尺餘明堂之視舊
制其增益亦如之祀啓聖公於宮後列鄉賢名宦於
儀門兩旁齋舍兩廡俱已成制樹欞星三門設門房
於門外左坊題騰蛟右坊題起鳳蓋黌序應有者俱

祇制創建是役也以庚午仲秋建議辛未孟冬經營一申孟夏告竣俾庠生欣欣相與樂成徵記於余余思國家建學造士得才為盛今皇上察倫教化詔廸修庠序意諄懇頃者國步多艱所推轂折衝禦侮出于入稿者誰非庠序中人昔孟子論士曰尚志論尚□仁義又曰士窮不失義達不離道士之所以為□號有蹐於此者故建黌廟貌使先聖賢之威儀不于者父母也黌豎仁義使先聖賢之名教不墜者皆一世也爾輩誠求所以善事其志而於斯興也哉

詎無吽悖則措之天下國家益精明卓偉蔚然足以
名世庶不失建學造士之盛心也夫時崇禎壬申秋

重修城記

楊芝瑞

邑之有城以設險也慶僻萬山險矣奚又城之且慶為栝末邑栝十屬不皆城而慶又奚為獨城之以固險也余以庚辰歲挾來令茲邑詢三老得城之詳始築於嘉靖之二十五年備山寇也再修於嘉靖之四十一年復備山寇也嗚呼歲未一紀而大變兩作地其危哉至萬歷十六年水灾詹公乘龍增築之及余受事時閱五十餘年矣其傾圮如豕牢內外可比手相引也設險之謂何余心深危之以增高議小民且

嘖嘖曰吾邑僻且瘠何土木之煩爲余力排衆口又
獲幕廳鄭君決謀焉捐貲爲倡以昚聖天子重守令
煌煌四事之詔意是歲春予又以創復石壁喜鵲鼕
關龜田烏石馬蹄六隘彼時舉工匠役不給遂延時
及冬城僅竣事而偵者以壽寧山寇千餘報予寢食
於城者廵朔望且身丁矢石斬馘百級幸尾全無恙
茲役也固社稷之靈然非城可恃予慶爲龍泉前事
矣於是慶之士民始慨然趨事合邑人而輸之納得
四百五十金捷聞復於當事給庫銀叁十金而竟城

之工匠合計一萬七千十八工用大磚九萬六千有奇瓦倍於磚十之一至如炭鐵木竹類應百七十餘金其增於舊城者樓五座女墻則以三尺益之東南則以二畝樓壯之四隅則以十二窩鋪周之日月則以辛巳夏月至壬午之冬募終之大約貲以千金爲概邑人之輸與取於庫者僅及其半耳自是雉堞一新稍有成備予之拮据雖未敢告勞姑誌之以聞後之君子同志者乘其未虧加葺焉不至如予之勸借功半拙於告成庶有當於先王設險之義云爾

六隘記

楊芝燕

余不才庶長莊慶時雨雪邀林越兩學博登城北望京樓因詢利病兩學博以壽寧山寇處東隣壽寧惟石壁峻舊有隘隘有基今廢矣余心識其言越辛巳元旦甫兩日遂躬履其地得故址焉昂崇若天塹可萬人敵也構數椽為守者地不月而功告落復有憂者曰壽之至慶有兩徑石壁為孔道喜鵲其南也備一未周如窺伺何余復為之計爰議輸於邑人僅給其半余給其半亦冉月畢事其時異議者皆謂予勞

民也是年冬賊果千群至邑人相顧驚懼爭趨入城爲堅壁請余笑曰兩隘之設政爲今日耳毋譁言其視余馬首所向後命者有三尺在遂長驅至隘賊亦蟻聚隘下而我已據險矣相持兩晝夜賊洶洶獨引而上斬其六級馘兩婦細賊怯遂他徑去龍泉肆行焚劫梧屬爲震驚邑之人乃懽呼於道以余築隘爲得計遂紛紛以隘請焉越壬午春余徧歷四境西與松溪比者棘蘭也命葉承登董之南接政和者龜田也命生員吳文暉糧長夏應國董之城以西有烏石

陸賢皆出於余職以南生員吳世臣吳貞明吳康民
吳運隆輩所創建者名馬蹄也今則外六隘内百雉
崔嵬相顧邑之人心可恃以不恐余亦庶幾守土無
忝云

重建棘蘭隘記

王益朋 吏科都給事中

順治辛卯余受知於龍泉徐使君浪列贊書明年冬仲應公招說劍函文從讀書暇欲泛覽隣邑山水之槩於是獲捫石蹬百丈之奇見其山嶙嶸其石嶙峋三面壁立獨西北一綫爲周行覓邊縣各連閩壤山賊時發嘉隆間縣令陳設隘下八都之棘蘭盖以控扼險要東制咽喉也嗣後歲久燬圮崇禎辛巳楊邑宰因其遺址曾復創焉冬秋劇賊張其卿等直抵隘下見其險阻有備倒戈而去至鼎革時此隘又歸灰

燼羣盜仍肆縱掠當其時往者來者商者賈者咸畏足不敢前竟覩康衢爲畏途□不得不借道於山徑然崎嶇嶮巇攀藤附木露宿風飡不勝其楚所謂不備不虞不可以處非熙庚子丑月括蒼周公祖奉命皆徵案節出一地低回吳之乃戢然曰斯隘也誠天造地設之險有若趙之保障鄭之虎牢蜀之劒閣齊之陰平覩國之河山也第善用險者當使險在我不□用嶮者常使嶮在人若居人之官而無以利于其□食人之祿而無以益於其人是具員也余既涖剩□

郡常視十屬如一家而慶元今日之事莫有急於此者亟營之且戒曰毋下徵於民務蠲諸已由是刻日鳩工庀材始其事於本年七夕計所構甃石爲門門上架樓樓基壘石高三丈許東西濶六丈南北半之凡八楹公又謂有門不可無守者地復創群房三十礎置弓兵十有八名晝則伺偵夜則擊柝有警則益以精卒其規模經畧視昔更精且詳迄今已匝歲矣不惟夙盜懾不敢窺且使居者忌止其家行者樂出其塗賓旅通而冠蓋不絶則有識者又未嘗不頌其

功之如此其美且大也時余告歸讀禮遄有事於栝蒼慶士民謀記於余余不文姑述其始末云爾侯名茂源號宿來南直華亭人順治已丑進士來守處州治尚廉平而養老造士猶諄諄云若督工者例得書書於碑之陰

復建詠歸橋序

楊芝瑞

寓內多故守土者力竭催科即重務猶莫爲之應若夫褰裳之慮惟問諸水濱而已矌覽山川追維往蹟則如詠歸橋是也予令兩載諸如建隘修城其間借民財煩民力以佇副夫功令免予罪愆者雖昕夕經營予勞也乎哉民勞也方幸黽勉告竣差得與吾民優游共適茲闔邑復建此橋先是橋也興廢不一始創於元大德丙午造於明天順三造於嘉靖四造於萬曆造屢圮人皆曰波臣爲祟予曰非也人謀未盡

乃欲分咎波臣枉矣自今伊始於萬斯年共奠此基
義之紳衿黎庶以還昔日文明殷富之盛則今所謂
經營昕夕者民樂也乎哉予樂也苟利社稷何惜勞
捍凡我好義同心者請勿作橋亂是即君子穀詒民
子之頌也求序觀成敢計日以竢

補天閣記

呂陽 兵道

昔上帝既剖渾沌氏以其支節爲山嶽腸胃爲江河山曰積氣水曰積形高者爲生下者爲死丘陵爲壯溪谷爲牝凡山川蜿蜒者旺氣也奔竄不迴者衰氣也故郡邑孕旺氣者泰乘衰氣者否慶元爲浙東僻邑天爲山欺石不抱水離城數武而北是爲龍潭兩水迅洩有石孤峙於波中狀似巨鼇挾有靈氣肯堂揚年伯瞭如也久之集邑之老者壯若賢而達者僉謀之曰余少讀漢唐史至其載堪輿諸書知青囊術

百世所奇盍圖諸於是捐俸發粟爲士民先遂鳩工庀材礎心畢力夫自草昧以來爲斯石開其生面者則自年伯始孟夏迄季秋而工落成其閣昂藏周以廊環以欄危簷峻楹承陰賡霤中懸太極外列八卦曲梯盤紆玲瓏瑩透登臨嘯咏天宇空濶煙霧莽蒼仙桃巾峯諸山近在指顧間俯瞰溪流水光微茫諸鱗出沒若羣鴉浴波遠聽雲樹掩映蓊鬱籟聲盈耳日光注射偉哉觀也土德既維屹手山峙風氣聚於斯地脉厚於斯將使人文寖盛噫嘻天缺西北女媧

煉不以補之茲邑虧西北楊平伯剏構傑閣奠坤維以挽天工豈曰小補云乎哉年伯曰諾是則僕榜閣意也遂書之石

楊公橋記

陳函煇台　進士

邑治之北距城數武而近在昔雖有橋與其再創於天順間著嘉靖末季爲河伯所潰迨萬曆初年復拓之尋旋居北垂六十年於兹無有繼者姑孰揚公蒞任之朞月士民叩階力請復之公起謝由請之誠也但政有緩急治有標本方今兇警駱　土之謀未備衣㭗之計尚　未建此也始俟之　尋志力繕城池創　湧靖寇之　田倉葺獄宵 原稿不清 次第早舉慶之士民復叩階請田

荷公締造百□□□橋屬東北孔□不可緩也且遼
當捍門尤為一邑風水所關更不可緩也顧君侯圖
之公輒然喜曰諾夫橋梁王政之所有事也徒杠缺
而國僑致譏川梁□□□公以□余承乏□上如居
人之宫食人之食施之而安之衍之而樂之不惟内
愧於心其於先王捍災備害一切利□生民之道其
謂之何於是□□□院上其事於道□□□看計
工授事欵然引之爲已任更捜槖中俸金伍拾兩以
爲之倡而邑之樺鏹樂助者翕如也經始于癸夫

孟冬以是年秋仲告成中監一甃閣東北分建兩橋架屋計十九間其長計二十四丈廣計二丈一尺棟宇莊嚴丹彩宏麗勢若長虹橫掛於絶壁危淵之間蓋自是而輿馬可通商旅可行褰裳躐蹶之患息矣而諸山拱揖百泒滙聚與橋相望不絶甚盛舉也庶之士民懽呼載道咸謂斯橋也其湮廢於洪波荆棘中者已數十年而公乃披蓁莽精區畫鞭海石一旦而鼎新之其規模視昔尤巨麗焉非其勇於仁急於義卿乃慮疲乃形其能成此大工耶是以感之也深

慕之也切相與識公之功德於不朽遂顔之曰梯公
壽俾後之人顧名思義不且千萬年儼如見公乎

楊太夫記

倪元璐

古之循吏其肖像崇祀載在簡編中者不數數得也如羊叔子俎豆襄陽范文正公爲像二州張文定之平定西蜀趙忠懿之享祀荆南此則先史冊而嘖嘖於人口者也今於楊公複見之公出姑孰冑旗爲其司馬如翁暨冑孝廉爾白公則其令嗣也家學夙著代有顯人辛酉舉於鄉庚辰冬拜慶元令歷癸未共雅武定邦伯公之惠政洽於巖民而巖民愛慕之此深不忍釋者之將去我也乃協謀建祠於西北郭戶

之祀之廟貌之以昭盛德以識不忘祠成請記於予
予考祭法有曰法施於民則祀以勞定國則祀能捍
大災禦大變則祀凡此數者公叅有焉公勅下車伊
城殿隍傾圮詭頹於是延鄉士夫僉議遂鳩工庀材
撤朽剝蝕計力程能竭蹷以圖葺固冐霜露暑雨蔵
且出入罔勸勤也越半歲而工竣公又曰慶之西[illegible]
悉與閩接不亟設險猶開門而揖盜也即審要害創
六隘以扼咽喉或峭依絕壁或深臨危淵所費不貲
公捐俸以佐之制所謂以勞定國者非歟辛巳冬杪

閭寇披猖攻掠鄰邑旋薄慶城公親督行伍擒殺
乃熄夫慶自嘉隆以來目不識兵者已百餘年一旦
變生叵測乃卒談笑成功雖公胸裕甲兵亦繇闞盬
講武訓練鄉勇其備之者素也則所謂捍大災禦炎
變者非歟此固其鉅者也至於課文藝以造士除蠹
害以甦民築垸堤以利往來建補天閣以培地寐
定條編以緩催科蠲火耗以節民財平税畝而均[illegible]
徭皆其班班較著者所謂法施於民者又非歟大[illegible]
公之爲人披肝露膽精勤敏練潔已愛民孜孜爲百

姓根本計慮而是非□譽□有所不顧故治慶□三巨舉百□十年來廢墜之政旦暮而振刷之民庶□□□家三百年於茲我慶止覩此神君也余備員史館有年閱人多矣其果眞心實政視國事如家事者如公有幾則斯祠之建慶之士若民信乎有不□已進之古昔不特與羊范諸君子遥相輝映即公儀乎座汲鄭諸大夫眞所顗頡也已公諱芝瑞肯堂别號云初授慶元知縣陞武□知州崇禎癸未記

貞女葉氏傳

周茂源 知慶縣事

栝山奇峭栝水清瀉其毓秀閨閣代有其人使潛德
幽光蕃蘊併散亦有司之恥也慶元有葉養姑年十七
三刲股以療父疾字吳氏子良彩禍盟雖訂鴛偶未
偕聞良彩之訃堅請從母赴弔[illegible]守志不還於吳
即以事父者事姑姑感之擇配令撫甫及成人締[illegible]
不祿復以撫嗣者撫孫皆維庠淺步不移閨家即
粒巧不乞鄰稱未亡者六十一載飯糲女戒深諷[illegible]
經於順治十六年無疾端逝慶人爲立祠源親式其

觴杯茗致奠而長揖以禮之

重修文昌閣記 吳貞臣 里人

康熙癸卯秋月辛酉有星光芒而白占者曰是宿爲鬱爺台爲除舊布新于占在天門位爲司祿據兹星祥應當在濟水以北文昌之宮蠡絶欲更有事登揆乎是閣倡自别駕吳公創于明神宗間起衰多靈閲視其捐而葺修功存之可秘也鳩材翼古鈔勤之可惜也聚鄉之同聲者闔議出貲由窶向豐于是板榦錐鑿不呼而具其閣自甃至礎工企始創三之一焉閣前瀨地淘爲長池水影函天架石池中連閣

如虹新卓三十二楹中設大門右爲大士居左爲繆
公軒是役也吾儕恪勤癸卯冬㧸與具甲辰春乞花
翎竣事堪輿者曰閣乘子龍面午馬山川之氣融
聚故產多秀惠蔚爲名士燈火連帷宛然鄒魯之鄉
苟非是閣鎖鑰　文昌靈祐何以逮乎此哉事有奇
績有異不充記述者士之恥也貞臣僭以訥筆屬其
日月用告來者

城隍廟記

王汝楫 松陽進士

粵黃帝始城以居城隍之神自秦昉也後世遂有封號凡興王之地封以王郡州邑封以公侯子男以故通得祀而徧天下者唯社稷與城隍為然社祭土稷祭穀句龍與棄乃其佐享非其專主又其位所不屋而壇豈如城隍巍然當座屋而不壇春秋劀牲腥而不熱有俎豆杯器上下百千年嗣而不敢有所變置何以不知其故哉句棄以功城隍亦以功何也其為陽明之屬恒與耳目相遭陰暗之屬恒與耳目相遁

於是世有多詐之頑人欲暢爲惡僥倖有常刑欲勉爲善又苦其非好也幸有所謂陰地焉暗地焉顏以遁其惡于不見不聞斯亦莫無所不至時矣豈知陰爲譽或且陰暱之暗爲奸或且暗譴之是王度王綱所不到之處實藉城隍靈爽在焉城隍不怒而威不言而化使世人良者多惡者少所以治世者每減刑法而獲誠和柳子厚所云陰翼王度暗助王綱是也慶之城隍先年邑侯董公大本建在東門外三百武古厲壇之右前面高山後枕長河即今二賢祠東頭

邑之西也廟貌亦佇幾二百餘載棟宇頽隳風雨[illegible]
遂爲鼠竄處神亦呻恫辛丑高侯甫下車瞻謁時慨
然歎曰非神何以福民非廟何以妥神靈越二年
癸卯春正乃鳩材伐石重開新意絡其餱糧量其徒
庸其址縱四十丈橫半之周遭墻一百堵正廟築臺
高三尺許縱四丈三尺橫五丈二尺楹三十四高三
丈二尺一寸後庭二棟規制如之儀門楹十二大門
六楹左右百根翼之兩廡各五間合三十六楹每間
可十笏廟中大龕塑神金相左右列吏判案牘筆硯

卯亘斗大□與縣治同制峻起軒翔聳其楹嗆其正
大殊精粹□□□歲歷功落成侯且慮永寓又出橐
俸買田三□□心生慈隱二僧食其租粒且蒸然守
□香讀道護□侯之意真深且遠也邑父老齊聲遥
以口請述侯事乞余言以勒侯功余嘗□□馬遷閏
慶時時忝齋從遊鳳山之陽道侯美政二十餘目人
士譯歎不厭聲譽藉藉之耳今此一端豈足以光崇
於侯而得紀余記之復雖然表於其辭或特書或大
書或不一書而□□□侯解新其廟以妥神靈陰

真王[illegible]宥勒王綱俾與守葉並祀不祧奕世無窮
此一端亦足以記侯之功矣汝關守寶雄人高遊肇
導號曉雲以經行名嘗講為古滇循良君子也問萱
役者誰曰[illegible]第[illegible][illegible]二人余曰是必鑛中之錚錚

修造縣治衙舍記

穆維伊

古設官分職以治事内置省部寺監外列百司庶府其公廨私衙廣狹大小各有其制

上甲辰春三月余奉璽書來宰松源下車之日居於卑南庳隘民舍詰朝邑紳衿父老進謁於縣治嘗見[illegible]頹圮過半復咨衙舍父老告曰先是丁亥燬於兵燹莽寒蕪荒址而已余仰而嘆俯而思縣令遠者三歲一更近者一二歲再更凡事雖有宜作者必遲日月一秩當即去何用如此余嘗讀古傳記白樂天自[illegible]

乞若白崖若□門凡所止雖一日二日輒壘土爲臺砦石爲山環□爲池其暫猶如此况余承乏是土者又非一日二日且也儼然民之父母而與閭閻之亞旅雜處甚爲褻媟而非體故知事之宜作雖丁三空四盡不可廢也紳衿聞而是之議以克合於是命日者度材鳩其□程量其徒庸□□□斧者式□歷登不驅而屨至□而大堂曰□廊曰麗譙危梁□豈如破岑牟□棧其背葺而新之曰後堂曰川廊曰□館曰土地祠光棟梁桷皆嶄然新搆而加於舊

凡五十四楹其術以基雖因乎舊而制則視昔有奇曰堂曰室曰高樓曰小亭曰廊曰門曰左右廂曰內外書房曰爨廚曰溷廁曰卑埔茨布繁瑣約之格式重開新意凡百六十八楹繚以周垣甃以堅甎木器而不丹墻圬而不白工善吏勤晨昏展力越明年乙巳四月落成是日也登樓鼓琴遥望犁天捫漢卿雲萬丈坩之錦峯也俯首吸川爪欲攫雲西之龍山也紅雲罩掛曼倩目送東之仙氣也雲鄉簇空仙子乞求雨之霞岐也梁礬既竭於焉以思或兆民未安思

而安之民之所欲恩而予之民之所否恩而去之旦
恩學漢古之循吏鑄頑成仁若僮儁員自邊徒用土
大之多亦何所取焉余之心力如斯而已若夫先一
下之憂而憂後天下之樂而樂以俟之樂只君子則
余豈敢以聞數月政閑無事于是乎書

重建竹溪公館記

鄭惟飈 縉雲 進士

慶城以北四十五里古鄉曰竹溪鄉今之竹口爲越閩之岐摩肩一巨鎮也廛眷鱗如置黔二千土既駭瘵民亦凋疲明初甦坑惟貴之縣令尋兵憲副使歐陽公清乃用議著使郡倅一人每領其事開署竹溪以蒞之蓋竹溪尤慶要害爲龍泉松浦諸路之衝於此控御聽覽國頒牙畫船之遺也嘉靖乙巳春兵大偈綏邑侯陳公洋師議易平之會以職事郡見兵備夏公復遂白前議乃議之分守少參黄公光昇請

於代巡高公懋檄同知文公章以徵立保甲法修武
備懸軌物遂營竹溪公館以尊上憲
清順治丙申冬綠林竊發很據竹溪公館民舍盡毀
於火男女剝命鹿奔鼠竄藏中七閱星霜宵泣悲
啟非得神君出牢爲龍剷害牢利爲群黎福歲運甲
辰一鶴來慶邑發自桂黄之程候識在日上才扶風
先躬親盡瘁德化淳深旦也秉心淵塞兩袖清風蕭
然止飲龜水一勺以是八年之間雚符息行伍安燹
者起猱者晝遭猜嫌松鬻猜結古迹陰猾自謝其邊

此邑人士歌且舞焉膏之所沃雖荒谷幽陬無不洽
洽侯每興枳竹溪眎其宇址瓦礫太息欲渉加意据
携裒鴻後集結構葺屋駸駸依寓庚戌冬侯獨捐[illegible]
俸重建公館上不擾其公帑下不徵夫私斂故執[illegible]
者繩繩揉斧者詵詵輦土輸木蟻列而趨自冬徂秋
梓者函鑿築者闔鋪館門之外左建三楹祀闗聖帝
以示神武不殺靖其兇氛右建三楹中祀文昌司命
爲此鄉之人出多秉耜入必横經書聲弗和燈火不
違故祀之以戢舞子矜辨志釋菜左祀宋給事中王

公應麟此邦之先賢而不廟食豈不大闕典歟故建之景行仰止以光川嶽先是西距竹溪二里許爲後坑行旅要道邑乘有興梁自唐宋來木害卞圮戊申春復爲怒濤掠去渡者多慈濡背聞者徒歌箜篌傷益痛憫遠睇遐思棄其故址經營於下流兩岸礁硊處砑石爲墩復倒俸橐付鄉之恪勤者衆厥任其事鳩工遐材用管子法不驅麋至竟期而竣於是萬口同聲咸名曰程公普渡用誌不朽橋之西首太祭創八角茶亭以頭陀司鐺飲於行路而運不絕余厲贊封

編氓久耳懷三異三善之政今秋九月諸役皆底成咸竹溪三四老人遠跋乞余言記之雖鄙陋不文載不朽獨良司牧之配社稷走筆訥應其請云

重修順濟行祠記

李灯 邑人

順濟行祠夫人閩古田陳氏女也行十四生於李唐之大歷精巫咸術活人最多没更靈異祀之臨水至宋封爲順懿夫人不獨八閩之人祀之即吾浙之窮鄉僻塢莫不奉爲高曾而余城西之行祠高壓獨爲羣廟冠自辟邑來凡疾疫或作雨暘或愆子嗣或艱無不于夫人乎是求求而未嘗不應故闔邑士女羣爭祀之而祀事之盛更有超乎羣廟夫人之功在社稷福庇一邑不綦大哉其祠創自何年余生也晚不

得而識詢之故老亦鮮有能言者僅傳以爲前重修於萬歷之二十七年則其祠之古可知而報夫人之德應有與日月而俱長者即起狄梁公於今日亦知在所必存之祠非媚也鼎革以來附城神廟半爲戎馬蹂躪夫人行祠亦間有兵丁投宿一日忽倒懸柱上如細縛然求之而後甦以故兵人避跡而清潔如故噫奇矣非天下之至神其孰能與於斯惜歷年久棟宇摧頹風雨交侵過者雖抱修葺之念每慮其工繁費喟然太息去順治辛丑春家君命余與兄煒烺

總其事余退而撰疏告諸同志亦慨然共任其役以
年月不利遲至康熙乙巳秋乃得鳩工庀材以始其
事凡祠之内外兩廡各依舊制止易舊桷其依人亭
則改造也東廊有礎而無楹西廊有楹而無壁余與
諸首事竭蹶協力朝夕省試易舊圖新爲之丹雘並
飾神像以與人耳目人無不悦矣神其有不依人而
行乎其工始于康熙之乙巳七月四日竣於丙午之
七月四日以如此之工繁費浩再七月而告成豈曰
人之力哉實神之靈也余與二三子其何功之有秪

以報夫人之德於不朽耳夫人之福庇一邑而惠及後嗣不啻茂哉若夫搬運之工均出社下余不必書揮鉢梁勒實繁有徒書之梁上余不勝書而總其綱者吳千美中與余及兄烺終任其事者周子璽明吳子俊亨以收吏之數獨屬于余因得知其工之繁而員之浩故不憚詳記之蹙于後久必壞自然之數後有作者能心余之心與諸同事之心是余與諸同事之幸也夫爰作歌以祀之其辭曰桃溪灩灩毓瓔胎蚤識香名在丹臺抱魄凝神軼塵埃芸局石室長仙

[illegible]樂函金宇啓蓬萊火龍水虎一齊推西承王母句
雲杯瑶姬姹女共徘徊駕鶴驂鸞戲九垓左召元冥
[illegible]余雷靈蛻乘煙更異哉丹詔遠從日邊裁歲逢女[illegible]
魃怨為災香雨飛飛散九陔蘭茁韻芬傍雲巖依人
[illegible]冠數高禖峰魔驅疫法恢恢膏傳續骨起枯荄[illegible]
[illegible]重沂竹溪隈庇材伐石倚城開老穉歡呼動地來
[illegible]月落成何往蒐肅然瞻拜景昭回為祝[illegible]
孫長作王家廟廊材

建角門橋記

程維伊 知縣

自古分建郡邑，莫不上應列星，下隨地紀，以爲形勝。故秦岱峙於東而青齊顯，衡霍列於南而荆楊著，華恒分立於西北而雍冀名，此其最鉅者也。至若津梁之設，又所以補天地之氣機，聚山川之秀氣，而大有助於文運，寧僅繫一方之利涉而已哉。慶邑僻處東山，去省會千有餘里，其民力田務本，不事末作，其士敦詩書，習禮讓，彬彬乎絃誦之風，足與上國名郡而媲美，而三歲賓興，升諸司馬，寥寥無幾，識者未嘗不扼腕而嘆慶士之難遇也余治慶之六年歲在己酉偶值簿書之暇與邑人士登高遠眺四顧徘徊光若[illegible]憮然曰士之[illegible]於制舉非無故也松源之水自[illegible][illegible]迅而來至[illegible]門嶺而一曲邑之文瀾于斯[illegible][illegible][illegible]有其才而難遇者以茲水之洩而不聚故至此若深木爲梁以接兩山之脉絡鎖一水之瀠回文運始一助乎邑人士咸躍然喜曰善余乃捐數歲之俸以爲邑人倡諸紳衿文老不謀同辭各效厥力于是伐石庀材始其工於本年之二月因建橋于其上至明年

十月而工落成望之如長虹亘兩山之間者橋之大
也重簷飛棟鱗次而縱横若長廊邃閣翼於橋之
也巍然雙峙聳翥於橋之左右瀟灑蘸之勝也倚
曲扉有亭翼然于石壁之畔者儲英祠也長川瀠
波祈而内擁着溪之水流而復透也列嶂層巒
蒸之互爲捲映者兩山之氣補生相續也而廢壇之
山川蔽幾從此其致靈幸雖然自有天地即有此
川自有此山川勵慿者地勢向不知遠爾而建於余當
亦有數存焉余天幸適爲之奇也國業體賦成實之

一條飛發斷橋而蟠絶岸時傍舒建之勢哉騎[illegible]
而有感無顧原閑之渺渺則恩不謁吾民之[illegible]壽翁
循流之察則懸崖迴斷水而不使可泳為艱其[illegible]
裴鈞變舍矣予乃與諸士切磨砥礪而翻交營
之滅焉舍矣爰繕而來往息足於溪雲步月則恩[illegible]
於民之行而趍户可計而過越乎難其言之左山一
濟川則若舟[illegible]於務民者無不周詳
而窮處者至乎與薦[illegible]之憑又其榮[illegible]
觴罪並入于不急[illegible]之功數歲邀公橋之[illegible]

其橋曰程公余因辭之求楷筆以遺覽者是爲記時康
熙十一年蜡月之晝

慶元縣志卷之十

慶元縣知縣程維伊纂輯

雜事志

災異 古蹟 丘墓

〔缺〕脩省之戒，災異必書，黜邪之箴，怪神不語。故兵荒大變，足啓殷憂；即古昔遺踪，尤深感慕。志雜事。

災異

元

至元十五年，山魈黄花自閩來，燬縣剽掠而去。

明

正統十四年己巳山賊龍岡九襲縣官兵平之

賊群以鏡數十面懸身臨陣耀目人莫敢敵時縣無城賊因襲之官兵勦滅

嘉靖九年庚寅六月大霜殺禾

二十四年癸未山賊吳主姑寇縣知縣陳澤平之

主姑自號八先生聚賊千餘掠松浙長驅至县慶龍逐界知縣陳澤率兵擊於竹口遂塘歸男吳元倫奮身衛陣斬賊數十級以援兵後至陷死及賊平後上追其功立義勇祠於竹口

三十年丙辰白馬精見

精自政和來氣如霧黄中其氣者即昏仆婦人尤甚闔邑鳴金鼓以榜條竹葉懸門連旦驚惶後迎拱瑞堂五顯神驅之旬日即滅

四十年已未廣賊寇縣知縣馬汝徭禦之

廣賊二千餘人自松溪抵竹口刼掠甚慘聞縣有備至濟泉大梓而去

四十一年庚申八月山賊劉大眼寇縣縣丞黃德輿率兵勦之

劉大眼賊千餘越竹口掠後山時縣丞黃德輿親督率衆溪栗洋鄉勇進勦斬首數十級賊將潰逃遇賊夾攻吳得中吳鳳鳴吳虎等沒于陣得中子豊訴當道下檄立祠扁曰皆義

十二月劉大眼復寇縣訓導吳從周禦之

劉大眼長驅至後田時訓導吳從周親督率民固守兵巡道陳遣兵七百來援賊遁去

萬曆二年甲戌地震官舍民居傾頹

三年乙亥大饑

是歲五月民絶粒野多餓死知縣沈維龍然令賑之民賴以生

十月八都雄鴨變雌

十六年戊子四月朔大水

是日水衝北城七十三丈民居漂沒人多溺死

崇禎十四年辛巳十一月閩寇張其鄉犯竹

楊芝瑞[illegible]之

張其鄉大掠龍泉[illegible]壽鵲[illegible]知縣楊[illegible]瑞箴鄉兵禦之賊退萬里林隨令衆溪廣北與樵依民[illegible]鮮[illegible]鄉兵擊之斬[illegible]首餘級賊遂遁

順治四年丁亥七月十九日闖賊雷時鳴犯縣執知縣李肇勳本府總兵劉世昌平之

時闖賊爲亂流犯慶元執知縣李肇勳殺其三子妻自縊八月初一日總兵劉世昌督兵進剿賊夜遁民得安堵

五年戊子十月劉中藻宛縣總兵劉世昌平之

劉中藻福安進士在閩爲亂聚衆數萬圍慶元縣築數龍竄雲梯遊擊東義棄城去城陷十一月初三日總鎮兵至斬首五百餘級民困稍餘自北門至縣治前民居盡燬留存正月初日本府總兵劉世昌遣兵防守民始安

冬十二月群虎入城

六年己丑九月馮廷輝起嶽發于縣李定國政和擴兵至遁去

馮生春殺白頭鼓千李定國戰死天下晉參將嵩安嶺三晝夜知縣曹士楚告急于政和縣發兵至夜遁

八年辛卯五月山寇陳文喜作亂知縣鄭國位滅之

文喜聚衆千餘據百丈山剽掠村落洽峯大閩邑松溪豎地白沙隆宮中村等處田地荒蕪知縣鄭國位率官兵從白沙進剿從今下黃生員王森岐登巫年條字蜎剛郎之決有

茂林等從山谷突攻
直搗其巢殺死夙
十年癸巳[illegible]八閩強李希陳吳葉付等劫竹口知縣
鄭國佐[illegible][illegible]之
李希[illegible][illegible]招人眾賊三千餘剽掠竹口[illegible][illegible]
縛一[illegible]十餘人到巢破全知縣[illegible]圍[illegible][illegible]
鄉勇[illegible][illegible][illegible]吳春傑楊茂太等團[illegible][illegible][illegible]
官兵人[illegible]賊開道去
十月李[illegible][illegible]從掠上源等處鄉司[illegible][illegible]李言工[illegible]
會與攻之去
鄉勇後聚賊六千餘掠河源嶺獻搶掠焚燒民
至一十二都蔡來占王明麟會十八村鄉勇合
力八北殺賊
千[illegible]乃[illegible]

十一年甲午三月閩寇陳春掠二都九潭殺千[illegible]

李尚才何秉衷與自剛於陣

十二年乙未六月大饑

民多餓死知縣石肇垣先施粥五月邑中樂施

者什日共發谷救荒民德之

十三年丙申四月賊曾勢福陳貞合余亦等焚劫竹口

初余亦等焚劫上濟垟村一帶扛經焉從羽垟

松溪官兵合攻斬首數百餘賊遁至浮洲書等

張福貫等五千餘賊由舡坑山坑兩路入竹口

圍燒民屋六百餘家公館橋梁悉燬自此而壯

俗民風為

之蕭然

十四年丁酉三月賊高鬼殺掠二都擄九臺山千

總李茂破之
十七年庚子五月大風北壇樹木皆拔
十八年辛丑五月大水
冬十一月虎食人署縣事同知田家脩禳之去
康熙九年庚戌羣虎食人
知縣程維伊撰文禱於城隍廟羣虎遁跡
十年辛亥五月大旱青禾食苗
時大旱蝗以青禾田皆絶收知縣程維伊爭詳勘驗詳請撫院範題洗奉
旨蠲免攔劄銀壹千肆百貳拾柒兩零

古蹟

儒學故址 在城北四都瀆田明萬歷年間遷入縣左舊址便爲民田崇禎年間復遷就日門外址尚存國朝康熙[illegible]與史喬孔衍圍去數丈作壆 文昌祠 在四都舊學[illegible]側梓桐山今廢 梓亭 在九都爲巡檢司今廢 [illegible]桂亭 在[illegible]立石鑴進[illegible]右鑿池植桂[illegible]苑夾岸栽柳元[illegible]大德九年知[illegible]建址存 手詔亭 在縣治南址存 頒春亭 在縣南址在[illegible]亭 在縣治內址存 放生池 在神力寺前 劉狀元宅 在五都[illegible]澳今廢門前[illegible]址猶存 陳尚書宅 在九都[illegible]有祠存坊在竹口今廢 胡侍郎宅 在四都坑西[illegible]下 黃仙宅 在下爵黃坳址存

丘墓

慶元縣志　卷一

馬仙墓在六都石丈山坟前有古松一株俯埀若蓋隨風飄拂坟不留塵　陳尚書嘉猷墓在九都伏石嶺下　劉狀元知新墓在五都慈叟寺前山下　吳大理卿崇熙墓在下管大濟金釵山　吳知府轂墓在下管大濟　胡侍郎紘墓在四都象嶽祠後貴堂崗　吳御史瑁墓在四都猷坑　吳圭彝杰墓在下管大濟本家屋後　吳稚[illegible]墓在下管大濟本家屋後　燕同知文焆墓在五都慈叟寺後　吳[illegible]判伯齡墓在五都金村舖　吳通判倈墓在六都外樹　季孝子[illegible]墓在七都中村　吳通判世勳墓在十二都樹山　吳知縣贊墓在魏溪　吳序班儒墓在松溪岩下　貞女葉養姑墓在下管大濟坑兒塆